上海市重大内涵项目"民办高校英语特色专业建设研究——以翻译人才培养为例"
(项目编号：2016-SHNGE-11ZD)

胡玥 著

民办高校翻译人才培养实践探索

MINBAN GAOXIAO
FANYI RENCAI
PEIYANG
SHIJIAN TANSUO

苏州大学出版社
Soochow University Press

图书在版编目（CIP）数据

民办高校翻译人才培养实践探索 / 胡玥著 . —苏州：苏州大学出版社，2018.3
 ISBN 978-7-5672-2380-6

Ⅰ.①民… Ⅱ.①胡… Ⅲ.①民办高校—翻译—人才培养—研究—中国 Ⅳ.① H059

中国版本图书馆 CIP 数据核字（2018）第 045619 号

书　　名：	民办高校翻译人才培养实践探索
著　　者：	胡　玥
责任编辑：	沈　琴
装帧设计：	吴　钰
出版发行：	苏州大学出版社（Soochow University Press）
社　　址：	苏州市十梓街1号　　邮编：215006
网　　址：	www.sudapress.com
E-mail：	113633488@qq.com
印　　装：	虎彩印艺股份有限公司
邮购热线：	0512-67480030　　销售热线：0512-65225020
网店地址：	https://szdxcbs.tmall.com/（天猫旗舰店）
开　　本：	889 mm × 1230 mm　1/32　印张：4.875　字数：110千
版　　次：	2018年3月第1版
印　　次：	2018年3月第1次印刷
书　　号：	ISBN 978-7-5672-2380-6
定　　价：	28.00元

凡购本社图书发现印装错误，请与本社联系调换。服务热线：0512-65225020

FOREWORD
前言

伴随着改革开放后的经济振兴和国家政策法规的大力扶持，民办教育在中国虽然历史不长，却在近四十年里得到了快速长足的发展。在日益庞大的教育市场中，民办高校无疑占据着重要的地位，但不可否认的是，民办高校也日益面临着激烈的竞争和巨大的挑战。

为了促进民办高校的发展，国内教育界的许多学者以及民办高校办学者努力分析和探讨民办高校发展中存在的问题和面临的挑战，积极探索民办高校发展的出路。民办高校要想在激烈的市场竞争中求生存、求发展、求壮大，必须大力发展特色专业，实现与公办高校错位竞争。这一点对于民办高校的英语专业来说更为迫在眉睫。由于在学科定位、教学质量、课程设置、师资结构等方面存在较大问题，英语专业地位的下降已经成为业内人尽皆知的事实。民办高校的英语专业要想在如此激烈的竞争环境下生存并壮大，必然要寻求自己的特色发展之路，坚持人才培养的应用型导向，做到培养层次的多元化，从而实现和公办学校竞争的错位发展和差异化发展。

随着"中国文化走出去"国家战略的实施，国家对翻译人才的巨大需求已经上升到国家战略高度，翻译人才的培训也早已列入上海市政府"紧缺人才培训工程"项目。无论是从国家战略角度还是市场需求角度，英语专业的翻译转型都有理由成为民办高校英语专业特色建设的发展道路。

可是，令人稍感遗憾的是，在针对上海市民办高校英语专业的调研中，笔者发现，无论是在方向设立、课程设置上，还是在实践实习、师资团队建设方面，民办高校的英语专业翻译方向在应用型转型的道路上仍然存在着诸多问题。如何解决这些问题，如何将民办高校的翻译人才培养好，这些的确值得民办高校的管理者深入思考。

上海师范大学天华学院成为近年来翻译人才培养的新兴力量。天华学院英语专业根据《高等学校翻译专业本科教学质量国家标准》和《国家中长期教育改革和发展规划纲要》中对于学生知识构建和能力素养的基本要求，对照翻译人才培养的规格和标准，要求翻译方向的毕业生必须具备以下三大模块的知识与能力：语言知识与能力、翻译知识与能力、思辨与跨文化交流能力。围绕这三大模块的要求，天华学院英语专业经过两年的摸索，探索出了一条符合民办高校特色的翻译方向人才培养的新路径，也在翻译人才培养方面取得了一定的成绩。无论是在各级各类大赛中（如韩素音青年翻译奖竞赛、全国英语演讲比赛、高校学生跨文化能力大赛等），还是在英语专业四、八级考试中，无论是在就业市场，抑或是学生本身的翻译素养评判上，天华学院英语专业都做出了自己的尝试和努力。本书希望能以天华学院英语专业翻译方向人才培养实践为例，为民办高校英语专业的应用型建设提供借鉴。这样的实践探索或许可以为同类民办高校或者应用型高校群体在翻译人才培养上提供一定的参考，也或许可以为民办高校的英语专业特色建设之路的探索贡献自己的绵薄之力。

本书的完成受到了上海市重大内涵项目"民办高校英语特色专业建设研究——以翻译人才培养为例"的资助，在此表示衷心的感谢。另外，本书的出版得到了上海师范大学天华学院各位领导和同仁的理解、支持和无私的帮助，在此一并表示感谢。

胡　玥

2017 年 12 月 28 日

CONTENTS 目录

第一章	绪 论	1
第一节	上海市民办高校英语专业应用型建设现状	9
第二节	研究概念的界定	14
第三节	本研究的理论框架	20
第二章	实践探索之语言知识与能力培养	25
第一节	提高第一课堂教学实效	29
第二节	发挥第二课堂延展作用	43
第三节	打造第三课堂实践平台	49
第三章	实践探索之翻译知识与能力培养	55
第一节	翻译工作坊实践模式	62
第二节	翻译师资团队建设	78
第四章	实践探索之思辨能力与跨文化能力培养	87

第一节 课程中的文化素养与审辨思维培养 90

第二节 文化素养与思辨能力在课程外的延展 104

第五章 结 论 111

附录一 118
附录二 131
附录三 136
附录四 138

参考文献 140

Chapter 1 第一章

绪 论

伴随着改革开放后的经济振兴和国家政策法规的大力扶持，民办教育在中国虽然历史不长，却在近四十年里得到了快速长足的发展。根据《2010年全国教育事业发展统计公报》，截至2010年，全国共有各级各类民办学校11.9万所，各级各类在校生达3 392.96万人，另有其他民办培训机构18 341所，累计培训人次929.78万。（中华人民共和国教育部，2011）由于具有办学自主性强、运行机制灵活等特点，民办教育已经成为现代教育中一支不可忽视的生力军。

在日益庞大的民办教育市场中，民办高校无疑占据着重要的地位。根据教育部2015年公布的数据，全国共有民办高校734所，其中独立学院275所，比上一年增加6所；招生177.97万人，比上一年增加5.01万人；在校生共计610.9万人，比上一年增加23.75万人。（中华人民共和国教育部，2015）民办高校的蓬勃发展一方面为社会的发展提供了大批接受过高等教育的生力军，大大提高了中国人口的高等教育毛入学率，尤其在国家财政经费不足的年代很好地起到了缓解教育经费不足的作用，有效拉动了教育等相关产业；但另一方面，随着适龄人口绝对数量的减少，民办高校在招生和就业方面也

第一章
绪 论

面临着巨大的挑战。由于民办高校在我国的发展历史相对较短，与公办高校相比，我国民办高校的整体规模不大，社会认可度低，尤其是在生源质量、办学经费、科研力量、师资队伍建设等方面，与公办高校还有着很大的差距，在发展中还面临着许多问题。

根据前瞻产业研究院发布的各地的高招数据，很多省市招生计划均没有完成，生源危机已经蔓延至全国。被誉为中国高考竞争最激烈省市之一的河南，2013年就有7.06万个招生计划没完成，占整个计划的11.63%；教育大省山东2013年有6.3万个招生计划没有完成，占整个计划的12%；新疆有0.46万个招生计划没有完成，占整个计划的3.53%；贵州有0.24万个招生计划没有完成，占整个计划的1.13%。而高考大省山东已经连续3年未能完成招生计划，河南、安徽、河北也连续2年没有完成招生计划。除了数量上的生源危机之外，民办高校还面临着生源质量的大幅度下滑，而生源质量的下降又引发了民办高校学生的就业危机。

为了促进民办高校的发展，国内教育界的许多学者及民办高校办学者努力分析和探讨民办高校发展中存在的问题和挑

战,积极探索民办高校发展的出路,很多研究的重心都放在了对民办高校办学特色方面的反思上。

李智干(2008)认为,目前许多独立学院面临办学定位不清晰、培养目标不明确、专业设置不合理、师资队伍不稳定等问题,在日益激烈的高校间的竞争中面临生存和发展的巨大挑战。针对独立学院面临的问题和困境,他提出:民办高校应树立市场办学理念,确立合理的办学定位,明确培养目标,办出特色,创出品牌;要以就业为导向,按照市场和社会需求,形成具有特色的培养目标;要以人才市场需求预测为依据,灵活设置特色专业,改革课程体系与设置;注意外引内培,加强师资力量;重视产学合作,强化实践教学。

陈莉和赖伯年(2013)指出,许多民办高校在办学目标、办学层次、专业设置和培养方式方面有趋同现象,办学质量不高,没有办出自己的特色,而趋同产生的最直接后果是结构性就业问题变得十分明显,毕业生就业困难也直接影响民办高校的招生和发展。此外,许多民办高校不能从自身的实际情况出发,盲目、单纯地模仿公办大学的办学模式和发展模式,造成"为追求特色而特色"的现象。因此,他们提出,民办高校办

学特色培育要遵循以办学理念为基础,以人才培养为目标,以教学质量为核心,以学科建设为突破口,以师资队伍建设为中心这五项基本原则;办学特色的培育要着重于包括校长办学理念建设、教学科研管理建设、学生管理建设、师资队伍建设和校园文化建设等方面在内的民办高校内部培育机制的建设。

赖波年和孟贤军(2011)也认为,办学特色是民办高校的核心竞争力之一。他们指出,民办高校由于办学历史短、办学经验欠缺、人力资源有限、办学经费相对紧张、校园文化底蕴不深等原因,在与公办高校的竞争中处于劣势地位,为了增强竞争力,民办高校应选择差异化发展道路,避免与其他高校形成同质化竞争。他们提出,培育基于专业建设基础上的民办高校办学特色,是民办高校获取竞争优势,赢得生存和发展空间的主要途径。

张紫薇(2015)在自己的研究中对"趋同现象"有了更进一步的阐述。她认为民办院校应有自己的特色,但目前很多民办高校由于受教育发展规律和外部环境等多种因素的影响,在外在形式及内在机构上的特征越来越趋于相同。她还区分了"类特色"(即同种类型大学由于相似的办学特质等原因而呈现

出的大致相同的"相对持久稳定的发展方式及独特的办学特征")和由于恶性的生源竞争、薄弱的师资力量、学校规划急功近利等原因所造成的趋同现象。她指出,"类特色"具有一定合理性;但是趋同现象则具有盲目性。她认为民办院校应该以品牌专业建设为突破口,以重视培养毕业生的可雇用性为理念,以建设"双师型"教师梯队为保障,以消除民办高校办学特色中不合理的盲目趋同现象。

简言之,民办高校要想在激烈的市场竞争中求生存、求发展、求壮大,必须大力发展特色专业,实现与公办高校错位竞争。"找特色"因而成了诸多民办高校关注的焦点。

这一点对于民办高校的英语专业来说更为迫在眉睫。英语专业目前是全国高校办学数量最多、学生数量也最多的一个专业,可是这几年无论是在第三方评估机构的数据里还是在教育行政部门的文件中,英语专业都处在较为尴尬的位置。由于在学科定位、教学质量、课程设置、师资结构等方面存在较大问题,英语专业地位的下降已经成为业内人尽皆知的事实。(戴炜栋,王雪梅,2014)2016年6月,上海市教委因为重复设置相对较多、连续多年招生录取率和毕业生签约情况不甚理

第一章 绪论

想等原因,将英语等十个专业列入上海市高校本科专业2016年预警专业。

英语专业在民办高校的处境更为尴尬。在民办高校,由于开设成本不高,师资要求门槛低,英语专业是民办高校中最为普遍的专业之一,超过80%的民办高校都开设了英语专业。笔者之前针对上海市民办本科高校英语专业曾做过长期调研,调研显示,上海的四所民办本科院校无一例外都在办学伊始便设立了英语专业,但现在这四所民办本科的英语专业普遍在校内被边缘化,学生在校期间面临着学习压力大、学习动机不足、学习效果甚微、毕业后缺乏就业竞争力等诸多问题。(孙超等,2017)

从这些学者的研究中我们不难看出,民办高校的英语专业要想在残酷的竞争环境下生存和壮大必然要寻求自己的特色发展之路,做到培养层次的多元化,以实现和公办学校竞争的错位发展和差异化发展。与"985""211"的公办高校相比,民办高校英语专业在培养高精尖人才方面无论是人力、物力还是财力上都不具有任何优势,要想在竞争中谋得一席之地,民办高校只能走应用型人才培养的道路,一味地照搬公办高校的人

才培养目标和规格不仅会造成人才培养的浪费,也往往使得培养出来的人才"四不像",无法适应社会对于英语专业人才培养的需求。而所谓的应用型人才,是指能将专业知识和技能应用于所从事的专业社会实践的一种专门的人才类型,是能把成熟的技术和理论应用到实际的生产、生活中的技能型人才。这样的人才培养类型无疑是民办高校英语专业的发展方向。不少学者(如:常俊华,2011;尹秀丽、于桂芹,2011;罗志勇,2015)在反思民办高校的人才培养模式的过程中也都提出民办高校的人才培养要结合自身特点和学生基础,明确自己的人才培养定位,要改变过去轻实践、重理论的做法,要将应用与实践放在首位。

  本章将着重分析当前民办高校,尤其是民办高校英语专业所处的时代背景和外部环境,旨在为后面几章的实践探索做好背景铺垫。

第一节
上海市民办高校英语专业应用型建设现状

翻译本身高度的实践性非常契合民办高校英语专业培养应用型人才的目标,尤其随着"中国文化走出去"国家战略的实施,国家对翻译人才的巨大需求已经使翻译人才的培养上升到国家战略高度。在上海,翻译人才的培训早已被列入政府"紧缺人才培训工程"项目,所以英语专业结合翻译方向的应用型转型思路既能满足市场巨大的需求,也因为有了政府战略的保障而有实现的可能。可是在针对上海市民办高校英语专业的调研中,笔者发现,无论是在方向设立、课程设置上,还是在实践实习、师资团队建设方面,民办高校的英语专业翻译方向在应用型转型的道路上都存在诸多问题。具体表现在以下四个方面。

一、专业方向设置与调整随意性突出,存在较大的偶然性和随机性

靳希斌等学者(2010)从实证案例角度探讨了民办高校持续发展中存在的问题,指出核心问题之一便是民办高校专业

方向设置与调整随意性突出，存在较大的偶然性和随机性。有的学校设立翻译方向或翻译专业是因为该校某位学术带头人丰富的翻译资源，有的学校取消翻译方向仅仅因为该专业当年选择该方向的人数过少，有的学校不设立翻译方向是由于专业负责人更看好的是二胎政策下人口红利给教育方向带来的机遇。无论是哪一种原因，这些其实都不能作为专业方向设置和调整的依据。这其实反映出不少民办高校的办学思路都是走一步看一步，缺乏长远的规划和打算。赖爱春（2005）提出，专业方向的设置应当是非常专业的研究，需要准确、动态地对未来市场进行预测分析，如果只是一味地追着市场跑，随市场的变化而变化来开设专业，但专业本身并没有积累，这样的专业是无法形成有竞争力的专业特色的。这并不是说我们不应该以市场需求为导向，而是说我们要对市场需求做长期深入而细致的分析和研判。由于信息源大致相同，各个民办高校都会依据表面的市场信息简单地做出大致相同的判断，这就会导致专业方向设置的高度雷同，出现热门专业、热门方向上马之后即成冷门、千校一面的僵局。

二、课程设置单一，难以形成体系

课程设置是一个专业特色的核心所在。一个专业出现问题，课程设置往往是最为核心的问题根源。大多数民办高校翻译方向的课程设置仍然以比较传统的翻译技能训练为主，而且都是在大学三年级开设翻译类课程，虽然名称稍有不同，但实际操作往往大同小异，通常围绕某一教材，制订单一的教学计划，缺乏庄智象（2007）提出的翻译课程应具备的"相关性、连续性和层级性"。虽然课程中也配合使用了教师自己编写的材料，但这些翻译材料仍然局限于传统的句子或段落翻译，很难体现其应用型人才培养目标的定位。这样的情况其实在公办学校中也是普遍存在的，傅敬民、居蓓蕾（2012）早就指出这其实是我国高校外语专业翻译课程设置存在的普遍情况。还有的民办高校提出应用型高校更适合口译的发展思路，所以他们的翻译课程大多集中在口译课程的训练。这样的发展思路看似合理，但究竟民办高校学生在口译能力上是否较公办学校更有优势？究竟民办高校学生的笔译能力是否的确弱于其口译能力？这些学校并没有对这些问题做深入的科学调查，而是将结论基于"我想""我认为"，缺乏强有力的理论支撑，这样的课程设置自然不利于翻译人才的培养。

三、缺乏有效的实践平台支撑

虽然翻译人才的培养需要多元化的实践渠道和平台，但多数民办高校往往在实践方面做得相当薄弱。不少民办高校往往让学生在实践这一块自谋出路，或者即使与一些翻译公司建立起了联合培养机制和合作机制，但普遍无法深入，也无法为学生提供稳定和长期的翻译实践渠道，实习基地建设最后变成了无法落实的空谈。对于民办高校来说，要想在严峻的就业市场中提高毕业生的竞争力，就必须加大对学生实习实训的力度，在办学中贯彻"重实践""重技能"的战略，这样才能有效地帮助学生在激烈的竞争中脱颖而出。

四、缺乏契合应用型发展理念的"双师型"师资队伍

仲伟合（2014）指出："教师是教育之本，其素质直接关乎人才培养质量与水平。"可是针对上海市民办高校的调查显示，民办高校的师资状况堪忧。（孙超等，2017）傅敬民和居蓓蕾（2012）也认为目前应用型本科院校的翻译师资无法让人满意。民办高校英语专业的师资普遍来源于两个渠道：一是大量引进新毕业的硕士研究生；二是公办学校的返聘退休教授。不管是来自于哪一个渠道，这些外语教师普遍在学生时代花费了大量精力于听、说、读、写、译的技能训练上，缺乏复合型的专业知识结构。可是因为民办高校本身的"高职"属性，民办高校需要的是一支同样具有职业性特征的"双师型"教师队伍。这就要求教师不仅需要"掌握语言技能和本领域的相关理论知识，更要具备职业敏感型，熟悉行业知识，熟悉从事职业岗位工作的基本要求和基本操作技能，并将掌握的学科理论与行业实践技能有机结合起来，选择有效的方法教授给学生，从而让学生在理论教学和实践教学中学会应用"（徐雄伟，2015）。可是在实际的教授过程中，民办高校的英语专业（翻译方向）极为缺少的就是这样的"双师型"教师。几所民办高校中，大多数英语专业教师并没有翻译行业的资格证书，或者说即使有证书也只是抱着提高英语技能的兴趣去考一下而已，并没有在这一行业继续从事翻译实践工作。有的教师的确有译著的发表，但大多为文学作品的翻译，且数量有限，而且并不一定直接承担翻译课程的教学。从这些学校三、四年级的专业课中也不难看到，翻译专业学生选修的专业课多为文学类翻译

课，这和民办高校需要走的应用翻译道路并不十分契合，因而，这样的师资配置并不能有效地培养应用型的翻译人才。

从调查中不难发现，对于民办高校来说，英语专业翻译方向应用型建设依然任重道远，无论是在人才培养方案的制订、师资队伍的建设上，还是在教学质量的提高，以及质量监控和评估体系的完善上，民办高校都存在很大的改善和进步空间。

第二节
研究概念的界定

1 民办高校

美国的私立大学在美国高等教育的发展中起到十分重要的作用，无论是在地位还是对于社会的实际贡献方面，都远胜于公办大学。在美国历史上，民办高校与公办高校一起促进了美国的高等教育最早迈入大众化和普及化阶段。（顾美玲，2010）

在我国，不同于西方的私立大学，民办高校有其自身特色和产生的历史来源。我国的民办教育源远流长，民办教育在古代被称为"私学"；近现代有"私立教育""私立学校"的称谓。但是真正的民办高校的兴起还是近四十年才发生的事。1993年原国家教委颁布的《民办高等学校设置暂行规定》中首次提出"民办高校"的概念，标志着民办高校在我国的真正兴起。该规定中指出："民办高等学校是指除国家机关和国有企事业组织以外的各种社会组织以及公民个人自筹资金，依照本规定设立的实施高等学历教育的教育机构。"

在1995年第八届全国人民代表大会第三次会议中通过的《中华人民共和国教育法》中，也对民办高校的概念进行了阐述："民办高校指由企事业组织、社会团体及其他社会组织和公民个人利用非国家财政性教育经费，依照国家和本市教育行

第一章
绪 论

政部门制定的高等学校的设置标准，面向社会举办的实施高等学历教育的学校或实施高等非学历教育的教育机构，是社会主义教育事业的重要组成部分。"

2002 年颁布的《中华人民共和国民办教育促进法》更加清楚地界定了民办教育的基本内涵和特征，该促进法的第二条指出："国家机构以外的社会组织或个人，利用非国家财政性经费，面向社会举办学校及其他教育机构的活动，适用本法。"

在本研究中，我们对民办高校的界定来源于顾美玲（2010）的论述。她认为现阶段中国实施学历教育的民办高校主要有如下类型。一是民办普通高校（也叫纯民办高校）。二是独立学院，专指"实施本科以上学历教育的普通高等学校与国家机构以外的社会组织或者个人合作，利用非国家财政性经费举办的事实本科学历教育的高等学校"。独立学院从一开始就被定位为教学型本科院校，一般招收本科第三批次的生源，主要培养实用性人才。三是按照新机制运作的中外合作办学机构。

2 办学特色

许多学者都曾经对办学特色的内涵进行过研究和阐述。申云飞将"办学特色"的含义界定为"学校在长期的办学实践中积淀形成的独特而优质内涵与风貌，是能够灵活应对外部环境的动态变化与发展，有利于学校自身生存与发展的始终保持与其他学校相抗衡的核心竞争力与比较优势"（申云飞，2013：3）。

有学者概括了大学办学特色的三点基本特性，即"人无

我有，人有我优，人优我新"；换言之，大学的办学特色需有独特性、杰出性和创新性。（赖伯年、孟贤军，2011）

目前对于办学特色最官方也最全面的归纳出自教育部2004年颁布的《普通高等学校本科教学工作水平评估方案（试行）》。该评估方案中指出："特色是指在长期办学过程中积淀形成的本校特有的，优于其他学校的独特优质的风貌，特色应当对优化人才培养过程、提高教学质量作用大，效果显著。特色有一定的稳定性并应在社会上有一定影响、得到公认。特色可体现在不同方面：如治学方略、办学观念、办学思路；科学先进的教学管理制度、运行机制；教育模式、人才特点；课程体系、教学方法以及解决教改中的重点问题等方面。"（教育部，2004：6）

结合前人提供的定义，本研究对于办学特色的界定继续沿用孙超等（2017）提出的概念，即大学在长期的发展过程中，结合时代需求和自身的客观条件，慢慢积淀形成的本校独特的、优良的、得到社会公认的办学特征。为了走上可持续发展的道路，民办高校应创建能满足时代需求、有自己特色的专业以及相匹配的人才培养模式。

3 人才培养模式

"人才培养模式"一词于20世纪90年代被首次提出，并一直被广泛应用。（孙超等，2017）教育部在1998年下发的《关于深化教育改革，培养适应21世纪需要的高质量人才的意见》中描述了人才培养模式的概念，即"学校为学生构建的知识、素质结构，以及实现这种结构的方式，它从根本上规定了人才培养特征并集中地体现了教育思想和教育观念"。自此，人才培养模式的理论研究受到越来越多的关注，尤其是近几年，很多学者从各自的角度提出了对人才培养模式的不同认识。

姜士伟（2008）将学术界对人才培养模式的定义归纳为"过程说""方式说""方案说""要素说"和"机制说"五种，并指出这些对人才培养模式的不同定义其实在本质上是一致的。

刘忠喜（2014）也在前人研究的基础上对人才培养模式的概念进行了归纳总结。他将人才培养模式的定义归纳为以下六种："标准＋变式"论、"理念＋目标＋方式"论、"人才培养系统"论、"人才培养方案"论、"整体教学方式"论和"结构＋方式"论。他认为这六种说法侧重点各不相同，但归纳起来，对人才培养模式的界定包含了国家、高校和专业三个方面，即国家是政策指导和教学理念的引领，高校是制定和实施人才培养模式的主体，而高校的专业机构是人才培养模式的具体实施主体。他将人才培养模式的概念归纳为"在国家相关方针政策和整体教育理念指导下，高校根据一定办学理念，基于学校实际情况和社会需求状况，为培养学生所设计的知识、能力和素质结构，以及实现这种结构目标的组织形式和运行方式"（刘忠喜，2014：109）。这一定义同样体现了人才培养模式的目标性、相对稳定性和发展性，也肯定了教学理念是形成人才培养模式的重要组成部分。

不管是何种理论，学者们普遍意识到人才培养模式对于高校办学特色的重要意义。"大学办学特色的灵魂是培养出与众不同的有丰富创新能力的高素质人才"，而人才培养被认为

是大学的根本任务，人才特色是高校办学特色的集中体现，人才培养模式是体现高校办学特色的重要方面。（章兢，2005）

本研究采纳的是刘忠喜(2014)的定义，因为这个定义更加明确地指出人才培养模式是基于社会实际情况和社会需求状况而形成的，突出了人才培养模式的发展性和应用性特征。

4 复合型／应用型英语专业人才培养

随着经济的发展和社会的进步，高校英语专业单一的人才培养模式不再能满足社会的需求，而对培养复合型英语专业人才的呼声越来越响。2000年《高等学校英语专业英语教学大纲》（以下简称《大纲》）中首次出现要培养复合型英语专业人才的要求："高等学校英语专业培养具有扎实的英语语言基础和广博的文化知识并能熟练地运用英语在外事、教育、经贸、文化、科学、军事等部门从事翻译、教学、管理、研究等工作的复合型英语人才。"随后，有关复合型英语人才方面的研究不断涌现，许多学者从各自的角度探讨了对复合型英语专业人才的认识。

常漪和徐庆宏认为复合型英语人才是指"既懂得英语专业知识，又掌握传统英语专业听、说、读、写、译之外的如管理、经济、金融、旅游、商贸、销售等等应用性知识的人才"（常漪、徐庆宏，2014：118）。

宋林珊（2012）认为，高校英语专业的人才培养模式必须进行一系列改革，只有这样，所培养的英语专业人才才能成长为复合、应用型英语专业人才，既具备扎实的英语语言基础和英语专业知识，又具有各个领域丰富的知识，同时还具备良好的文化、心理、道德和思想素质。

虽然学者们对复合型英语专业人才的定义各不相同，但无一例外，都强调了复合型英语专业人才除了必须掌握英语专业知识和技能外，还必须具备其他专业的知识或技能。

教育部召集专家学者讨论制定的《英语专业本科教学质量国家标准》（以下简称《国标》）对于复合型人才也有新的表述。《国标》指出，英语专业"旨在培养具有良好的综合素质、扎实的英语语言基本功、厚实的英语语言文学知识和必要的相关专业知识，符合国家经济建设和社会发展需要的英语专业人才"。有专家认为，虽然《国标》中放弃了复合概念，但在人才前面加了"专业"一词，其实质还是指出英语专业人才是能够熟练运用语言技能的实用型人才。（曲卫国，2016）笔者认为，《国标》对英语专业人才培养目标的表述突显了英语语言基本功和英语语言文学知识的重要性，同时也指出了英语专业人才的培养不能仅仅关注语言技能的学习，还需要涉猎其他的专业知识或技能，培养既具有扎实的英语语言知识和技能，又能够满足社会需求的复合型、应用型人才。

第三节
本研究的理论框架

根据2014年7月制定的《高等学校翻译专业本科教学质量国家标准》(征求意见稿,以下简称《翻译专业国标》),翻译专业的定位隶属"外国语言文学"类,以汉语与外国语为翻译语对,以政治、经济、文化、科技等内容为翻译内容,以口译和笔译为翻译形式,面向文化多样化、经济一体化、信息全球化的语境,培养具有国际视野、人文素养、创新能力的专业化翻译人才。虽然本书讨论的是翻译方向的人才培养而非翻译专业的人才培养,但鉴于在翻译方向人才培养方面暂时还没有权威的标准做参考,而翻译专业的人才培养无疑可以涵盖翻译方向的人才培养,所以本书探讨的翻译方向人才培养以《翻译专业国标》作为理论框架,以《翻译专业国标》制定的知识要求和能力要求作为对翻译方向人才的培养规格。

根据《翻译专业国标》,"翻译专业的专业定位是坚持汉语与外语的跨语言沟通基本属性,突出双语特色,贯彻培养中外互译和双语转换跨文化交流人才的核心理念。其培养目标是,主张文学和文化教育既要深化学生对目标语语言和文化的理解,也要增进对母语汉语和传统文化的把握,只有这样,学生才能在了解世界的同时,更好地向世界介绍和传播中国文化,成为高素质的国际化人才"(王胜利,2016:7)。

第一章
绪论

翻译专业的本科人才需要具备语言知识、翻译知识、相关专业知识和百科知识。语言知识包括"所学外语的语音、词汇和语法知识和汉语的语音、词汇和语法知识",学生需要在了解"所学外语的语言学基本概念和理论"的同时了解"汉语的演变、发展和基本特征,熟悉不同文体的汉语写作知识"。翻译知识包括"翻译的基本概念和理论,翻译实践的基本要求和方法,语言服务产业的基本运作机制和职业规范"。相关专业知识和百科知识包括"所学外语国家的政治、经济、文化、社会、地理、历史、文学、科技等领域的基本知识,以及从事相关行业翻译所需的相关专业知识,形成翻译工作必备的百科知识结构"。

翻译专业的本科人才能力要求主要包括语言能力、跨文化交流能力和翻译能力。语言能力指的是"本专业毕业生应具备较强的所学外语的输入和输出能力,能听懂正常语速的广播、电视节目和影视作品,能读懂中等难度的文学作品、报纸杂志和电子媒体上的文章,能准确流利地进行口头交际,系统连贯地表达思想,能进行不同体裁文本的写作,内容充实、语言通顺、语体得当"。同时本专业毕业生应具备"较高的汉语水平,能运用汉语针对不同体裁、不同题材、不同语域有效地进行口头和笔头交际"。跨文化交流能力指的是"本专业毕业生应具有跨文化交际意识,对文化差异有敏感性,能采用得体的策略处理文化冲突问题"。翻译能力指的是"本专业毕业生应能够运用翻译基础理论和口笔译基本技能,使用翻译技术和翻译工具,合作或独立完成一般难度的口、笔译任务,及其从事翻译服务和其他跨文化交流工作。本专业毕业生能胜任中等难度的文化交流、商务会谈等场合的联络口译工作,胜任一般难度的会议口译工作。本专业毕业生能胜任一般难度的政治、经济、文化、社会、科技等领域的笔译工作，要求意义忠实、术语标准、表达准确、语体得当"。

除了《翻译专业国标》中对于翻译专业本科人才知识与能力构建的基本要求之外，思辨能力的发展也是我国高等教育的核心目标之一。《国家中长期教育改革和发展规划纲要（2010—2020年）》（以下简称《纲要》）明确提出教育的长期发展要"促进学生全面发展，着力提高学生服务国家服务社会服务人民的社会责任感、勇于探索的创新精神和善于解决问题的实践能力""倡导启发式、探究式、研讨式、参与式教学，帮助学生学会学习""营造独立思考、自由探索、勇于创新的良好环境"。从《纲要》中我们不难看出，中国教育界已经意识到思辨能力发展对于学生、社会和国家的重要意义，但中国大学生们的思辨能力状况却不容乐观。黄源深教授（1998，2010）多次在文章中提到，英语专业的教学并没有将思辨能力的培养视作教学的重要一环，导致了英语专业整体"思辨缺席"。这样的状况使得英语专业很难培养出适应时代发展和社会进步所需要的人才。黄源深教授颇有远见的预言不幸在当下一语成谶。由于在课程设置上过于强调听、说、读、写、译技能的训练，忽视对学生分析、推断、总结等基本思辨能力的培养，英语专业在整个学科体系中已经处于弱势地位。基于此，孙有中（2011）提出，要想改变这一弱势地位，英语专业必须以培养学生的思维能力为导向，全面推进培养目标、培养方式、课程设置、教学方法、测试方法、教材编写和师资发展等多方面的改革。思辨能力对于翻译能力的培养更是有着重要的意义。Paul和Elder（2006）将思辨能力定义为"为了决定某种东西的真实价值,运用恰当的评价标准进行有意识的思考,最终做出有理据的判断"。有学者据此提出,思辨能力在翻译人才培养中包括分析、评价、推理和改进这四种核心能力。(郭亚玲、李正栓、贾晓英,2017)因此,翻译人才光有语言能力和翻译能力并不够,学生需要对译文进行筛选、甄别、评价和改进等,要有对译文进行识别、归类、比较、区分的分析能力,要有对译文进行质疑并提出修改假设以及进一步论证的推理能力,要有对自己的或者别人的译文都能进行评判的能力并同时掌握对译文的改进能力。由此可见,思辨能力应该也必须成为民办高校培养翻译人才实践过程中不可或缺的组成部分。

根据《翻译专业国标》和《纲要》中对于学生知识构建和能力素养的基本要求,上海师范大学天华学院(以下简称天华学院)制定了该校英语专业对于翻译人才培养的规格,要求翻译方向毕业生具备以下三大模块的知识与能力,即语言知识与能力、翻译知识与能力、思辨与跨文化交流能力。

围绕这三大模块,天华学院探索出了一条符合民办高校特色的翻译方向人才培养的新路径。天华学院是上海市民办高校中英语专业的应用型建设做得颇有特色的一所院校。这是一所成立于2005年的本科独立院校,英语专业是该校首批开设的专业之一,经过12年的建设,英语专业目前共有学生296人。每年的招生班级为2~3个,每个班级的招生人数为25~35人,每年无论是在考研率、就业率,还是在入学分数线方面,以及专业四、八级通过率方面都遥遥领先于其他同类院校,同时该专业的学生也多次在全国和地方的各级各类竞赛中,如韩素音青年翻译奖竞赛、全国英语演讲比赛、高校学生跨文化能力大赛等，屡屡崭露头角，在与公办学校学生的竞争中也并不落于下风。目前，天华学院英语专业的学生从三年级开设分方向，目前共有商务、教育、翻译三个方向，每个方向由学生根据兴趣自由选定。天华学院在翻译方向的建设和翻译人才的培养方面做了很多有益的尝试和努力，也取得了一定的成果。本研究希望能以天华学院英语专业翻译方向围绕三大模块所设计的人才培养实践为例为民办高校英语专业的应用型建设提供借鉴和参考。

Chapter 2 第二章

实践探索之
语言知识与能力培养

根据《翻译专业国标》，在语言知识与能力培养模块，翻译专业的毕业生需要具备扎实的中英文知识和口笔头表达能力。这是国家对于翻译专业学生的基本要求。主流的翻译观虽然视角有所不同，但都毫无例外地将语言能力视为翻译能力中不可或缺的因素。（王爱琴、任开兴，2016）对于翻译方向的学生来说，要想成为一名合格的翻译人才，扎实的双语知识储备和能力是必不可少的，因为翻译说到底就是双语的转换，成功的转换前提就是扎实的中英文知识和流畅的口笔头表达能力。

那目前高校在翻译人才培养的过程中，学生的双语能力又如何呢？王爱琴和任开兴（2016）提出，目前翻译人才质量不高的现状其实与学生双语能力薄弱有很大关系。在实际的翻译教学过程中，教师忙于纠正的是学生低级的拼写错误和语言错误，而不是翻译层面的问题。以英译汉为例，由于英语水平薄弱，学生对于源语文本的理解存在较大的偏差，直接影响到目的语的准确性，同时因为汉语能力欠缺，学生的译文文本常常存在词不达意或者翻译腔重的问题。所以很多专家和学者提出，在探索如何提高翻译能力的同时，我们必须首先解决的是

第二章
实践探索之语言知识与能力培养

如何实现学生双语能力的同步提高。

这样的目标无论对于"双一流"的公办院校还是对于民办院校都没有太多的区别,但很明显,由于所教学生的基础较差,学习自觉性、积极性不高,民办院校要实现这些基本要求的路径会与公办院校有很大的不同。如果盲目照搬照抄公办院校的思路,不仅事倍功半,还很有可能因为教学土壤的不同而造成"水土不服"。孙超等(2017)在针对民办高校英语专业课程满意度的调查中,运用《大学生课程体验量表》(CEQ)、《学习过程量表》(R-SPF-2F)和《整体满意度量表》(OSS)三个量表,从六大维度考量学生对于民办高校专业课程设置的满意度,调研共计回收英语专业学生问卷498份,其结果显示除了"基本技能培养"维度之外,学生普遍对英语专业课程设置在"合适的课业负担""合理的课程考核""良好的教学""清晰的目标和标准"和"学生独立自主能力"方面认可度较低。舒锦蓉(2015)也指出,从高校英语教学的长远发展和学生对于知识的把握和运用来看,学生目前掌握的语言知识和能力并不能满足社会对于该专业的需求。

天华学院在语言知识与能力培养这一模块实践上,主要

通过"三位一体教学模式"实现了培养路径的创新。"三位一体教学模式"强调的是教学应当"立足第一课堂,丰富第二课堂,开发第三课堂",三个课堂有机结合,从而全方位、多角度地提高学生对于语言的综合应用能力。

第一节
提高第一课堂教学实效

  第一课堂的教学永远是高校教育的核心，也是三位一体教学模式的第一维度。杨惠中教授（2015）指出，对于外语教学来说，课堂教学永远是基础环节，对于每一个教师来说，上好每一节课就是教师的天职，所以每一节课都应该追求教有实效，应当还课堂教学以本来面貌，让教育回归本质和核心价值。他同时提出，有效的外语教学至少应该包括以下因素：（1）传授语言知识；（2）帮助学生发展语言技能，通过大量操练包括分级阅读、分级听力训练、仿说、仿写等，有效养成听、说、读、写能力；（3）正确养成语感，必须重视预构成语块的教学，不要孤立地背词汇表；（4）掌握正确学习语言的方法，学无止境，让学生终身受益。除此之外，有效外语教学还要求教师具备一定的课堂设计能力，做到课堂教学能激发学生的学习兴趣，提供合适的学习资源，正确处理输入与输出的关系，帮助学生解决学习困难，培养学生学习策略等，这些都关系到课堂教学的结构、内容、效果，都非常重要。

  但目前这块阵地在很多高校已经处于沦陷的状态，"填鸭式教学"的满堂灌让学生只是被动地接受知识，无法激起学生对于语言学习的热情和兴趣。第一课堂如果没有活力，学生上课只是玩手机、听音乐、睡觉的话，再好的教学计划、再精品的课程设计都没有任何的意义。侃大山似的神聊也只是让课堂变成了表面上的热闹,学生在热闹之后仍然一无所获。课堂缺乏有效的活力已经成为中国大学教育的通病。

第一课堂的教学改革势在必行。但是在改革的过程中,我们要警惕另一种弊病,那就是课堂教学娱乐化。由于多媒体和网络技术的快速发展,多媒体课件已经成为英语课堂教学中不可或缺的因素。多媒体课件作为课堂教学的辅助手段,其功效毋庸置疑,由于图文并茂、声像并举,化抽象为具体,化静态为动感,许多英语老师都愿意在课堂教学中使用这样的教学手段。但是值得注意的是,近年来高校英语课堂上滥用、乱用多媒体课件的现象越来越普遍,有的老师甚至到了离了多媒体课件就无法上课的地步。对此,秦秀白教授(2012)这样批评道:"有些教师无视教学目标、教学内容、教学规律和特点,逢课必用多媒体,以 PPT 代替板书,以展示多媒体课件代替口授言传;学生以听录音代替课文朗读;课件设计得越来越精美、越来越动漫;教师陪学生观看视频文件占据了大量的课堂教学时间;精美的图片、音乐、动画产生了巨大的眼球效应,且竟被视为教学效果。更有甚者,有些教师为了追求课堂气氛的生动和活跃,将娱乐行业的某些元素带入课堂,大搞娱乐游戏和表演,甚至提出了 Teaching is the art of acting 的说法。表面上看气氛活跃,笑声连连,但实际上并未有什么教学效果。"

针对这一教学顽疾,为了真正做到教有实效,天华学院推出了"活力课堂"这一创新型教改项目,并建立了活力课堂的通用教学模型(见图 2-1)。对于这个新名词,学校给出的定义是由传统的"以教师为中心"转化为"以学生为中心",通过教师精心组织的合作性、探索性学习,实现"高认知度和高参与度"的教学,尤其要拒绝照本宣科,提高课堂的全员参与度,帮助和督促学生养成主动、深层学习的习惯。对于这个学术化的定义,《新民晚报》首席记者王蔚还给出了更为通俗的解释,那就是"教师要把课上得能让每个学生都爱听,还要能听得起劲、听了有实用价值"。活力课堂的教师必须具备高度的敬业精神和精湛的教学能力,善于对教学任务进行有效的拆解、设计,并实施综合分析、动手实操、分享归纳的课堂活动,利用先进的可视化教学手段辅助开展混合式、翻转式学习,并实施多维度的课程考核。围绕这一思路,为了帮助学生打下扎实的中英文基本功,天华学院英语专业推动了语言类基础课程的活力课堂教改实践。

图 2-1 天华学院活力课堂通用教学模型

下面笔者将以《基础英语》这门语言类基础课为例,详细阐释活力课堂的教改思路。

这门课程在人本主义教学理念的指导下,以体裁教学法和项目教学法为主,综合运用多样的教学方法,通过建立学生学习档案和项目驱动,以提升思辨能力为导向,带动语言输出和学习。人本主义教学观既是我们对《教学大纲》的解读，也是我们在总结数年来教授天华学院英语专业学生基础上的理论提升和改革创新。人本主义教学观源于人本主义心理学，其主要代表人物是美国社会心理学家马斯洛和美国心理学家罗杰斯。人本主义教学观认为成长与发展是人与生俱来的自然倾向。课程的设计、教学方法的选择和教学活动的安排无非是给学习者提供一种成长条件和氛围，其目的是让学习者成为"自我实现者"。

  为了更好地秉承人本主义教学观的精神和借鉴传统语文教学的精华，天华学院英语专业在教学内容上做了"两大聚焦"的大胆实践：(1) 聚焦学习者，关注学习者的人格素质培养和英语应用能力同步提升，培养学生的自主学习能力；(2) 聚焦文本，引导学生进行细致的文本分析，让学生做到"学有所思""思有所得""得有所用"，培养学生的批判性思维能力。

  秉承这一理念，为了更好地聚焦学习者，在《基础英语》教学中，项目驱动一直是教学设计的主导思想。讲授第一单元时，因为学生正处于入学阶段，所以利用这个机会开始了与二年级《中级英语》的合作。二年级的课文是"Fresh Start"，讲的是大一新生入学的经历，显然，这个话题契合一年级刚刚入学的情境，所以在这门课上，二年级的老师布置了一个任务，要求他们任选角度向新生做入学介绍。这个看似简单的任务其实包含很多层面的内容。要想做好入学介绍，首先需要了解受众的需求，所以二年级学生做的第一件事就是在一年级新生中做简单的问卷和访谈，了解他们的困惑和疑问。这就是第一层的跨年级合作。了解了学生需求后，学生会和老师商定展示的形式和内容，然后约定时间来到一年级的教室做现场展示。学生们制作了手绘地图、图片、手册，甚至带来了实物给学生做现场的演示，演示结束后一年级的学生还进行了现场提问。这便是第二层的跨年级合作。最后，一年级学生会汇总自己对于展示的反馈，让高年级学生了解自己展示的优势和改进的空间，这便是第三层的跨年级合作。这样的合作将任务真实化，使得双方都在合作过程中学有所得。第三单元讲的是当今社会文明礼仪的一去不返，围绕这一主题，学生利用一周的时间观察、搜集校园中课堂、寝室和食堂中的各种不文明的现象，并制作成海报，在班里进行宣讲。同时，课文中涉及 personal space 的主题，教师便引导学生利用访谈形式调查电梯中的个人空间概念，学生需要将自己的访谈对象、访谈问题一一确立，并得出相应的结论，从而帮助学生加深对这一主题的认识，同时对于访谈法这一常用的科学研究方法有所了解。第四单元讲授的是艾滋病，围绕这一主题，学生搜集资料，在班级里就艾滋病进行科普宣传，同时还自编自导自演有关艾滋病的情景剧。第八单元涉及情人节的文化背景知识，学生以小组为单位分段呈现中国七夕节的神话传说。这样的项目本身就是与课文主题相关联的，也具有较高的趣味性和可操作性，同时项目的每一步都有教师的具体指导，学生也可以在项目的准备过程中做到有的放矢，既锻炼了学生团体协作的能力，也培养了学生发现问题、解决问题的实际操作能力。

表 2-1　活力课堂课程教学项目安排（示例）

授课单元	项目 / 任务
Unit 1　Never say goodbye	Orientation（与二年级合作完成）

续 表

授课单元	项目/任务
Unit 3　Whatever happened to manners?	Bad manners on the campus
	Interview: How close is too close in the elevator
Unit 4　Dealing with AIDS	Role-play: AIDS
	Presentation: AIDS
Unit 8　My forever valentine	Role-play/Story-telling: The legend of Double Seventh Day

建立学生学习档案是这门课程在教学设计上的第二个创新。人本主义的核心理念便是"聚焦学习者"。如何实现对学习者的聚焦呢？这主要是通过如下周密的教学内容安排实现的。教师根据活力课堂的通用模型将本学期的学生任务列成清单，并在第一节课布置下去，同时为每个学生建立学习档案，做到对学生学习效果在课前、课中、课后的有效跟踪。出勤表每月由专人进行统计，从形式上保证学生课中的出勤率。词汇部分主要以 worksheet 的形式进行，每个学生会在每个单元的学习开始前制作本单元重点词汇的 word map，这样的 word map 起到了监督学生预习效果的作用，同时学生整理好的单词也可以成为自己复习时的好帮手。每个单元主讲教师会针对学生基础较差的现实，加入有针对性的相关词汇专题训练，这些专题训练加上学生自己整理的 word map 便构成了每个单元的 worksheet。这样的 worksheet，一个学期通常有五次，有效起到了课前监督的效果。教师会对学生的 worksheet 进行批改和点评，并要求同学及时上交修改后的版本。同时为了帮助同学及时做好课后的复习工作，每个单元结束后都会对学生进行听写，最后计入平时成绩的为 4 次听写中最高的分数。每次听写

也需要学生对照答案订正错误的地方。这些措施的目的就是让学生的自主学习真正成为在老师指导下的学习。

由于学生为刚进校的一年级学生，所以这一个学期的翻译练习以中等难度的汉译英形式进行。要求学生按照自己的进度给出译文翻译，并对自己的翻译感悟进行总结。译文翻译需要以一对一的形式联系任课教师进行修改润色，直到改出较为理想的版本为止。这样的课后交流既是师生加强了解的有效途径，也可以使教师及时把脉学生在练习中的主要问题，并对不同的学生给予有针对性的指导。

项目活动的形式为小组活动。本学期的任务有四个，学生可以任选一个完成。分别为第二单元的访谈、第三单元的 presentation 和第四单元的 role-play 与 presentation。选择访谈的同学围绕 How close is too close 做访谈，需要提交的成品为访谈视频以及访谈结论。选择第三单元的同学需要就校园里的文明行为和不文明行为做一个搜集整理，同时制作海报。选择 role-play 的小组要求递交的 project 文本为所制作的剧本。选择 presentation 的小组要求递交关于 AIDS 的宣传材料，每一组的评分由教师评分和学生评分两部分组成，分别占 60% 和 40%。

本学期重点通过加强各级互动，形成协作性的学习氛围。这种互动既包括师生间的互动，也包括学生与学生之间的互动，还有不同年级之间的合作。学生的任务无论是个人独立完成还是项目集体完成，其实都是处于教师的有效监督之下。我们常说现在的教学要以学生为中心，但是以学生为中心，并不是老师就无所作为，这种以学生为中心改变的是过去教师 saint on the stage 的角色，强调的是教师 guide by side 的新角色,从而让学生的学习真正成为 guided learning。以翻译任务为例,学生并不是简单交上一段译文就了事,而是需要带着自己的初稿和教师一对一地面谈,逐字逐句修改译文,直至翻译出质量较好的译文为止,同时学生需要将自己在修改、翻译过程中的心得感悟形成文字,从而真正做到译有所得。再以学生项目为例,每个项目组需要提前三周和教师交流项目计划并在教师的指导下做出修改,直到内容符合预定要求才可以在班级展示。这样的师生互动减少了之前 presentation 的盲目性,也增强了 presentation 的可读性,保证了 presentation 的价值。这样的反复批改贯穿学生的整个作业,直至任务顺利完成。以上任务便构成了本学期的平时成绩,总结参见表 2-2。

表 2-2 活力课堂课程教学任务构成(示例)

平时成绩构成	分值	档案袋内容	形式	数量	完成情况
Attendance	5%	attendance sheet	individual work	4	
Vocabulary	5%	worksheets	individual work	5	
Dictation	10%	dictation	individual work	4	
Translation	5%	C-E translation	individual work	1	
		translation reflection	individual work	1	
Project	15%	project	group work	1	
		peer evaluation	group work	1	
		teacher evaluation		1	

通过这样的学习档案,教师便能及时了解学生的学习进度。这些任务既有课前的准备,也有课中的展示,还有课后的

反馈和监督。

聚焦文本的重点在于课文讲解时注重通篇文本分析。我们认为,每篇课文都是一个由语言构建的"英语世界",只有浸没于这个文本世界之中,对其中的人、事、物以及作者的论点、论据、篇章结构、文化背景等进行整体性的理解和分析,学习者才能领悟作者在语言运用方面的良苦用心;也只有在对文本的整体理解和充分鉴赏的基础上我们才能有效地习得语言。因此,我们在教学中对文本进行三个层次解读:第一,文章说了什么?第二,作者的写作意图是什么?第三,作者运用哪些技巧实现自己的写作意图?通过由浅及深、由表及里的逻辑推理方式,引导学生走进文本,做到语言学习和内容学习的完美结合。我们通过字词句的讲解上升到体裁的分析,再到写作意图和写作特点的鉴赏,循序渐进引导学生登堂入室,使学生真正做到"学有所思""思有所得""得有所用"。

这样的聚焦文本正是当前高校语言课堂中所缺少的。正如秦秀白教授(2012)指出的那样,由于课堂教学过度娱乐化,很多高校的综合英语课已经不再逐句逐段进行文本分析,细读(close reading)这种有效的教学途径也已经废弃多年。教师也很少把精力放在对教材的钻研和文本的咀嚼上,根本没有充分重视文本中的语言点。这样做其实是本末倒置的,因为娱乐化的课堂教学"违背的是课堂教学的真谛和语言基础课教学的根本宗旨",因此根本无法保证教学质量。我们在这门课的活力课堂教改中,着重强调的就是文本细读。只有当教师真正关注到文本本身的质量,学生才会静下心来体味到文本的语言,这样的输入才是有效的,才能真正帮助学生有效输出。严肃的课堂应当是思辨的课堂,如果课堂充斥的是多媒体课件,充斥的是庸俗化、碎片化和凌乱化的直观思维，学生就丧失了锻炼其思辨思维和想象力的机会。学生只是多媒体课件的观赏者，只是被动地接受直观信息，注意力也很难集中，更无法深入有序地对文本进行思考。

在人本主义教学理念的指导下，本课程综合运用多样的教学方法，如话题教学法、启发式教学法、研究式教学法、混合式教学法、体裁教学法、任务教学法等以达到抓牢学生兴趣、提高教学实效的目的。

话题教学法不是传统的按照单元内容进行赏析讲解，而是根据所选课文的主题安排若干话题串起整个单元的学习，其目的在于在训练技能的同时从多个角度引导学生思考问题。如第二单元就是话题教学法的典型案例。根据 Being Old and Growing Old 的主题，主讲教师把本单元分成 "Being Old" "The Romantic Side of Being Old" "The Realistic Side of Being Old—The Aging Society" 和 "How to Grow Old" 四个话题，分别设计了学生展示、看图说话、小组讨论、诗歌翻译、词汇热身、辩论、演讲和经典赏析等课堂活动。在开展这些活动的时候教师预先将学生分成若干个小组，每个活动都由小组合作完成，是他们的得分点。最后得分最高的小组为本单元的胜利者，会得到额外的平时奖励分。这样的竞争合作机制有力地保证了学生的热情参与，也深化了他们对衰老这一常见主题的认识。

启发式教学法的目的在于通过层层深入的问题循序渐进地引导学生对篇章、主题的思考和探究。比如在讲解第四单元 Cultural Encounters 时为了帮助学生深入理解 culture 的内涵，教师按照学生的思维顺序设计了一系列问题：第一个问题是 What's culture? 学生在给出自己的定义时都使用了一些诸如 habit, custom, civilization 之类的同义词，接着便引导他们思考 culture 和这些词的差别；有些同学提到了动物文化，教师便顺势引入第二个问题 Is human culture a uniquely human product? 学生做出判断后，第三个问题便顺理成章了——What's unique about human culture? 讨论完动物文化和人类文化的差异，接下来学生理所当然思考的是人类文化自身的差异，于是他们的任务便是思考文化在哪些方面可以导致差异，如认知、语言、性格等，很自然的，学生此时便会将重心放到跨文化差异上。这种一环套一环的问题设计既符合学生的认知思路，也能帮助他们知其然，知其所以然。

研究式教学法主要应用于学生的课题展示中，其目的在于通过自主研究型学习使学生初步掌握科学研究的方法并培养学生的独立思考能力。比如第二单元"衰老"主题，学生拿到的任务是访谈不同年龄段不同阶层人士对于此问题的看法。学生自主设计采访问题，自主设定采访对象并拍摄视频，然后根据所得数据总结结论，并以风趣幽默的形式展现给班级同学。这种学习方式就是微型的研究式学习，学生普遍反映这样的教学方式让他们明白研究的基本思路和逻辑，是非常有益的尝试。

教学手段上适当结合微课视频、多媒体教学和网络互动学习，以较为丰富的教学手段激发学生的学习兴趣并培养自主学习能力。在现代教学课堂，单纯地使用黑板已经无法满足学生的课堂需求。考虑到 90 后的时代特征，引入这些多媒体元素可以极大提高他们的学习兴趣，当学生兴趣盎然时任何难点、重点也都可以迎刃而解了。但这些多媒体元素的使用也有一定的原则需要遵循。笔者的原则是有趣、易懂、相关、辅助教学。比如在让学生讨论衰老时，教师对比展示了一些名人年轻和年老时的图片，这样的对比十分直观，也帮助学生想象衰老的过程并用英语表达。又比如在讲"9·11"事件时，教师引入了前总统布什的演说，但并不是放完视频就结束，而是根据视频内容分层播放。第一步在听之前请学生思考"如果你是总统，在当时的情境下你在演说中涵盖的内容"，这样帮助他们对所听内容有一个初步的预判断，事实证明这种预判断对于之后的听力理解有很大的帮助。第二步是第一遍泛听后通过matching的形式帮助学生扫清词汇障碍，同时传授有用的新知识，获取"一箭双雕"的效果。第三步没有简单重复上一步，而是要求学生一边听一边做填充题，在难度上有所递进，又为下一步的comprehension check做好了铺垫。经过这一番准备后，第四步就水到渠成了。事实证明对于这一难度较大的材料学生掌握得很好，回答流利准确，教学效果明显。整个教学步骤循序渐进、环环相扣。网络课程在这方面也起到了很好的辅助教学作用。目前已上网的资源既成为学生自主学习的有力帮手，也成为学生展现自我、相互交流的良好平台。

这样的活力课堂教改思路既有内容的创新，也有形式的创新，任务环环相扣，充分考虑了课前、课中、课后的教学实效，一个学期的试点下来，学生普遍表示满意这样的课程安排，虽然课程任务重、时间紧，但学生都受益匪浅。以翻译练习为例，翻译的一对一交流加强了师生间的了解，也使学生对于翻译有了更加直观的认识。有的学生在翻译感悟中这样写道："这样的段落翻译和我们之前经常做的句子翻译大有不同，段落翻译需要考量的是语境，上下句之间需要有逻辑联系,而我在反复看了自己的初稿后发现自己的逻辑问题不小,上下句的联系也并不紧密。"有的同学还对比了自己初稿和二稿上对一些关键词前后处理的不同。其实这样的翻译练习并不是仅仅为了让学生去操练翻译技巧,而是让学生在翻译过程中体会到中英语言转换中的异同,体会到语境在语言理解中的重要作用。

始于 2016 年的活力课堂教改目前在天华学院已经进行了三批,英语专业先后有 6 门课程按照通用模型分别进行了一学期的教改尝试,分别为三门语言基础课"基础英语""中级英语"和"高级英语",以及三门专业课程"美国文学""跨文化商务交际"和"外贸函电"。由于教学内容的改进和教学方法的提升,这些课堂的教学效果有了大幅提升,通过第一课堂的教学阵地直接有效地夯实了学生的语言基本功和能力。2016年、2017 年英语专业学生连续两年在上海市高校学生跨文化能力大赛中荣获三等奖,连续多年在全国高校英语演讲比赛上海赛区摘得包括一等奖在内的多项奖项。除了竞赛中表现优异之外,学生的英语专业四级考试通过率也有所提升。以 2014级学生 2016 年参加全国英语专业四级考试的成绩为例,这一届学生的一次性专四通过率达到了 58%,比 2013 级的 49% 高出了 9 个百分点。对于一所民办高校来说,能在生源质量普遍下滑的情况下取得这样的成绩,确实要将这一功劳归功于活力课堂教改守住了第一课堂阵线。

活力课堂的教改推动了天华学院英语专业语言第一课堂的教学实践,通过精心设计安排的课前、课中、课后教学,既保证了教学实效,又激发了学生对于语言学习的热情,同时对文本细读的强调避免了课堂教学娱乐化的倾向,所有活动的安排并不是为了活动而活动,而是围绕教学目标展开。同时,教师的辅助作用贯穿其中,以学生为中心的课堂并不是将教师置于旁观者的地位,而是更加强调教师如何发挥指引者的作用。这样就使得学生能在第一课堂的语言教学中,在教师的有效引导下,脚踏实地地学习语言,打好扎实的语言基本功。

第二节
发挥第二课堂延展作用

课堂的时间毕竟有限，尤其是在民办学校的学时并不能比公办学校多出多少的情况下，如何能利用有限的课堂时间夯实这些本来基础就薄弱的学生的语言基本功，这其实是民办学校普遍存在的难题。所以在民办高校的教学中更应关注第二课堂的开发，注重发挥第二课堂的延展作用。第二课堂是"三位一体"教学模式的第二维度，在语言知识能力培养模块中，主要以形式多样的课外活动来辅助第一课堂教学的不足。

当前，各类高校普遍意识到第二课堂教学的重要性，尤其对于需要大量输入和输出的语言学习来说更是如此。第一课堂的教学时间毕竟有限，所以开展多种多样符合学生心理认知规律的活动，既可以弥补第一课堂教学的不足，也可以提高学生学习语言的兴趣，激发学生的创造力，拓宽思维眼界。（舒锦蓉，2015）鉴于此，不少学校也会尝试开设第二课堂，但由于方法不当，不少学校第二课堂教学的实际效果往往大打折扣。根据郭继东（2008）针对国内二十几所高校包括英语广播电台等形式的英语第二课堂教学的调研结果，目前的第二课堂教学主要存在三大问题。首先，参与人数偏少，受益面过小。很多高校仅有少部分英语成绩较好的学生积极参与第二课堂，大部分学生不愿意参加，或者即使参加也仅仅被动地成为第二课堂上的观众。其次，师资力量不足，缺乏必要的指导和管理。很多学校没有给第二课堂配备长期、专门的教师进行指导和管理，负责的教师往往出于对工作的热爱自觉自发地从事义务劳动，这样的热情自然值得肯定，但长期的义务劳动使得这项管理工作随机性较大，很难保证第二课堂教学的系统性、完整性和高效性。最后，活动场地硬件配置不足，学校资金扶持力度不够。很多高校的第二课堂只能在非第二课堂教学时间的间隙中进行，场地的使用上就给第二课堂教学的开展带来了很多的不便。另外学校对于第二课堂的资金投入过少，客观上也使得第二课堂的教学无法发挥实效。所以在实际的教学中，很多高校的第二课堂要么流于形式，成为个别学生秀英语的舞台；要么就只是简单的增加课时，这使得学生产生了强烈的厌学情绪。因此，第二课堂的教学如何加，怎样加，这其实是一个系统性问题。对此，天华学院给出了颇有创意的回答，多年来，天华学院尝试了演讲培训、经典诵读、莎士比亚戏剧节、外语文化节等多种时间模式，效果明显。

不同于别的学校仅仅将第二课堂的目光投向部分学生，天华学院的这些举措是把全体英语专业的学生作为对象，旨在通过寓教于乐的轻松方式为全体学生提供语言知识与能力的辅助培训。

演讲培训主要以"21世纪杯"全国英语演讲比赛为主线，初期采用班级海选方式，这样既可以让学生尽可能地参与到演讲中来，也有助于指导教师快速找到合适的演讲苗子。通过海选的学生会接受演讲辩论培训社（以下简称ESDA）每周一次的演讲集训，培训主要从破题、演讲技巧和应变能力等方面对学生展开有针对性的赛前指导。中期以落地赛形式挑选出两名最优的演讲选手，并对这两名选手进行为期一个月的集中培训。培训的指导队伍中既有经验丰富的带队老师，也有演辩能力俱佳的外籍专家，还有历届优秀演讲选手。最后，这两名演讲队员会代表天华学院参加全国英语演讲比赛上海赛区的决赛，站在最高的平台与上海市其他高校竞争进入全国总决赛的资格。

正是因为有了完备的培训体制，每年的演讲培训都是全校最吸引学生目光的平台，每年也都会涌现出让人眼前一亮的演讲新星。从2009年参赛以来，学生们在与公办高校佼佼者的竞争中并不逊色，他们不仅能在规定题目的演讲中发挥出自己的最高水平，在即兴演讲和问答的环节中的表现也让指导教师倍感欣慰。参赛8年来，天华学院共获得上海市一等奖1项、二等奖2项、三等奖13项，成绩颇为令人瞩目。演讲能力的培训其实是语言能力的综合培训，涉及听、说、读、写的每一个方面，在一轮又一轮的培训中英语专业学生的听、说、读、写能力都得到了迅速提升。更重要的是，学生通过与公办学校的学生同场竞技而树立了自信，使得他们在英语学习中有兴趣学，也有信心学好。

除了演讲培训外，天华学院的语言第二课堂形式还有丰富多彩的校园语言节日，具体来说，就是每年一届的经典诵读、莎士比亚戏剧节和外语文化节。

经典诵读可以为翻译积累大量的语料，让学生充分感知英汉两种语言的精妙，习得敏锐的语感能力、理解能力和运用地道英语的能力，从而为接下来的翻译能力培养打下坚实的基础。语言学界广为接受的语言输入假设理论（Input Hypothesis）提出可理解性的输入是语言习得的首要条件，语言学习遵循 i+1 的规律，可理解性的输入起到了帮助学习者从原有的语言水平 i 提升到 i+1 的作用。Rod Ellis（1986）也提出，语言知识的熟练运用依赖的是大脑对于以往接触过的大量语言范例的记忆。换句话说，语言学习需要"厚积薄发"。（转引自王爱琴、任开兴，2016）只有积累了大量的有效语言材料才能有一定的语言产出。因此，我们在实践中通过经典诵读的形式帮助学生积累大量的中英文语料，有效地提高其语感能力、理解能力与语言运用能力。

莎士比亚戏剧节是英语专业传统的教学实践活动，目前已经开展了 8 届，学生通过扮演其中主要角色全面感受莎士比亚戏剧的魅力所在。作为英语专业的学生，无论将来走不走英语这条路，莎翁的作品永远都是绕不开的经典，每个人都会对哈姆雷特的独白耳熟能详，每个人都或曾耳闻意味隽永的十四行诗。所以举办这样的戏剧节，既能展示学生的多才多艺，也能让学生在过程中更深入地了解经典、学习经典，激发学生对语言学习的热情。从服装道具到台词、人物安排，整个莎士比亚戏剧节的全部环节都由学生团队负责。学生在一遍遍的排练过程中收获良多，不仅对原著有了更深刻、更精准的认识，团队协作的能力也大大增强。莎士比亚戏剧节中的优秀作品还会被选送到外语文化节，作为经典作品向全校展示。

外语文化节则是我校英语专业的另一项经典活动，历时三个月，涵盖多个板块，活动丰富，形式多样，旨在让学生在趣味和协作中了解东西方文化，介绍东西方文化，发扬东西方文化。

"以言育人——汉字规范大赛"的目的在于让学生重新拾起对中国汉字的好奇与学习汉字的渴望，比赛中表现优异的学生会代表天华学院参加上海市大学生汉字听写大会。2016年天华学院的学生在第二届上海市大学生汉字听写大会上摘得团体优胜奖。之所以在外语文化节中特意加入汉语板块主要是考虑到当下学生的汉语能力有待提高的现实。作为双语转换的桥梁，学生必须同时具备扎实的中英文功底，英语专业学生常常忽视的就是汉语能力，认为自己在汉语方面不需要提高。可是学生的翻译表现往往表明其在汉语中存在严重的短板现象，直接影响到译文的可读性和质量。因而天华学院特意在外语文化节中引入汉语这一元素，以期提高学生对于汉语能力培养的重视程度。

"语声俱来"主持人大赛则旨在培养学生的口头语言表达能力。决赛分为"娓娓道来""热评如潮""才思敏捷"三个环节进行。第一环节是选手以事先准备的舞台主持稿，在现场直接演绎主持人风采，评委从台风、言语措辞及精神风貌等方面进行评判。在第二环节中，参赛者对各种社会热点现象进行分析、评论，旨在考验选手的知识储备量和临场发挥能力。第三环节由评委们针对选手的表现，就有关主持人问题提问。选手们流利的语言、沉着稳重的现场展示，表现出了良好的临场应变能力。

"以声造梦"这一板块设立的初衷在于帮助学生在语言操练的过程中体会到团队合作的力量，同时也学会配音视频中接地气的口语表达方式等书本外的知识，为选手和观众打开了一扇学习方式的新大门。文化节还邀请了影视字幕翻译的专家、有着三百多部影视作品翻译的张春柏教授为学生们举行专场的影视翻译讲座，帮助学生提升理论高度。

"以街倾国"，通过筹备展示各国文化的展区与节目表演，不仅让学生深入地了解了六国的文化精髓,同时也吸引到了全校其他各院学生的目光,加入文化体验的活动中来。

"以文道恩",以西方传统节日——感恩节作为契机,以"感恩"为主题的英语作文比赛给全校学生们一个展示出自己英语水平的良机。今年的"感恩节征文大赛"已经是天华学院举办的第四届英语写作大赛,举办目的一是为响应学校建设"文化天华、特色天华、责任天华、活力天华"的精神,进一步创建与营造天华学院英语学习氛围,提高学生英语运用能力,倡导学生心怀感恩之心,用英语记录感恩的人与感恩的事,体验学习、生活中的幸福快乐;二是为大家提供展示才艺和学习交流的平台,通过日常训练不断提升个人语言及跨文化交际能力。

"以戏温情"则是学生们展示国内外经典优秀戏剧的舞台。学生们会将各种大家耳熟能详的英美经典剧目搬上舞台,以自己的方式向经典致敬。

这样的第二课堂教学实践有针对性地解决了郭继东(2008)提出的第二课堂教学的各种不足。既保证了受益面的广度,又因为有了系统的资金和人力扶持收效显著,同时形式上的多样与丰富也使得语言学习不再枯燥乏味,而是成为学生们自觉自愿的过程。无论是演讲培训,还是经典诵读,无论是外语文化节,抑或是莎士比亚戏剧节,英语专业的学生们都能找到自己感兴趣的那个舞台,都能在各自的那方天地中找到自我,发现自我,提高自我,最重要的是学生在这样的过程中夯实了语言的基本功,为其他模块的知识和能力打造做好了充分的语言储备。

第三节
打造第三课堂实践平台

传统意义上的第三课堂主要指利用网络资源，以互联网为交流平台，以自主学习为形式的在线交流与合作研究。这样的网络平台学习在实际的教学过程中也存在诸多问题。王卓（2010）指出，网络平台的第三课堂虽然能为大学生提供丰富的学习资源，但却存在资源利用率较低的弊病，同时由于教学软硬件配备能力不足，教学资源本身的质量也参差不齐。对此，天华学院在立足于民办学院英语教学实际的基础上，投资600万人民币，开发了具有自主知识产权的《天华教你学英语》视频系列，同时配套的全套纸质教材已由外语教学与研究出版社出版。

市面上类似的视频教材并不少，类似的在线课程也有很多，为什么天华学院要研发自己的视频教学呢？这主要是考虑到民办高校学生的英语基础。这些已有的视频或者在线课程并不是以民办高校学生作为产品的研发对象，因而并不能够在难度上充分满足民办高校学生群体的特殊需求。同时这些在线课程往往比较零散，缺乏系统性。

天华学院自己研发的这套系列视频教材并不是简单的重复课堂内容，而是在内容设计上，充分考虑到民办高校学生的英语基础和特殊需求，因材施教，循序渐进。该系列包括

《词汇精讲》《实用英语口语精练》和《英语励志演讲名篇精选》。视频每集 20 分钟，主讲教师团队由该校英语专业的优秀教师组成，这些教师都是有着多年民办高校从教经验的老师，了解熟悉自己教授的群体，因而内容的设计和讲授都更有针对性。从板块的安排到内容的撰写到授课环节，视频教材组都配备了专家组进行审核审定，因此每一篇讲稿和每一个教学视频的诞生其实都凝聚着集体智慧的结晶。同时为了保证视频录制效果，学校专门聘请了专业的摄制组入驻学校，历时一年半拍摄完毕。这样的举措不仅仅在民办高校中相当罕见，在公办高校中也属于颇有胆识和魄力。

这三大板块的设计并不是来自教材编纂者随意的安排，而是旨在通过这三大板块实现多项目标。《词汇精讲》意在帮助学生全方位地复习、巩固并学会运用本科学习阶段出现的高频词汇。语言学习中，词汇永远是根基，学生能否熟练流畅地表达思想很大程度上取决于学生掌握的积极词汇的数量。所以这一板块的教材通过词义的辨析和拓展实现了帮助学生将消极词汇转换为积极词汇的目的，使得学生的词汇不是停留在只是会读会认的层次，而是提升到灵活使用的层次。

《实用英语口语精练》则选取了 80 个与学生日常生活息息相关的主题，如学习、运动、求职、礼仪、旅游等，所有的会话场景都由真人实景演出，这些话题贴近生活，又让学生感到亲切有趣。考虑到民办高校学生普遍英语语法知识相对薄弱，这一板块还添加了"通过口语练语法"这一栏目，旨在通过练习浅显易懂的口语句型来加深学生对于语法规则的理解，这样既能提高学生在日常口语表达中的正确率，也可以让学生在实际使用过程中潜移默化地掌握英语语法。

《英语励志演讲名篇精选》一共精选了40篇英语励志演讲名篇，所有演讲篇目都来自当代知名演说家，根据内容难度和长度分成64讲，主讲教师以幽默风趣的方式从背景知识、文化常识、语言难点、语篇理解多个方面对演说进行全方位分析，旨在帮助学生通过欣赏和学习英语励志演讲名篇拓宽视野，提高思辨能力，提升英语语言综合表达能力，同时向学生传递积极向上的精神，帮助学生树立正确的人生观和世界观，增强学生的爱国情怀。这套系列视频教材由于遵循了英语学习的特点和规律，有效地帮助了学生日积月累地扩大词汇量，提升了学生的英语实际应用能力，同时培养了学生的人文素质，帮助学生树立了正确的人生观和世界观，提高了学生的跨文化交际能力，实现了工具性和人文性的有机统一，最终促进了学生专通雅的协调发展。

600集的视频在每天的早晚自习课上面向全校学生集中播放，每次20分钟，针对视频内容，每学期会举行两次上机考试，这样就从形式上确保了参与第三课堂教学的学生人数。同时由于是视频的形式，教学内容直观且趣味性强，所以学生普遍兴趣较高，加之拍摄团队的高质高量，这样就有效地保证了第三课堂的教学效果。学校的资金投入也使得这项工作有了外围的资金保障。天华学院的这一举措有效地化解了第三课堂教学中出现的种种难题，很好地实现了利用第三课堂教学补充第一课堂教学的初衷，学生的英语水平也有了明显的提升。视频的播放工作从2015年9月正式开始，从2014级学生2016年参加全国英语专业四级考试的成绩就不难看出视频对于学生英语学习的正向促进作用。这一届学生的一次性专四通过率达到了58%，比2013级的49%高出了9个百分点。这一教学实践也得到了上级的一致肯定。2017年该教学实践被评为上海师范大学天华学院教学成果一等奖，同年被评为上海市教学成果二等奖。

此外，组织学生赴目的语国家体验和学习也是拓展学生课外语言实践空间的重要渠道。（舒锦蓉，2015）每年天华学院都会组织优秀学生赴美、英等国开展国际交流与学习。以今年暑假刚刚结束的曼彻斯特大学游学为例，本次交流活动主要有两种形式：一是参与曼彻斯特大学（以下简称"曼大"）安排的课程学习并完成教师布置的学习任务，提高英语技能及专业学习能力；在课程设置方面，重点开设了翻译、文化比较和教育教学三类课程，如TESOL、法庭翻译、广告及字幕翻译、跨文化交流和TKT（Teaching Knowledge Test）等课程，并适当添加了如英国生活、城市发展与规划、曼彻斯特及曼大历史等课程。翻译课程由英国兰开夏孔子学院院长余斐霞教授主讲，为期一周，共计4课时。余教授原为广东外语外贸大学教师，后迁居英国，主要从事翻译和孔子学院开展的中英文化交流活动，具有丰富的法庭翻译经验。课堂上余教授以大量实例列举了法庭翻译过程中需要注意的规则及细节，尽管课堂内容有些难度，但在余教授的精心讲解和大量辅助材料的帮助下，学生们亦收获不小，开阔了视野。在"广告及字幕翻译"课堂上，图文并茂的授课方式激起学生的兴趣，学生们在直观学习中感受到了文化内涵在翻译中的重要性。TESOL课程由曼大美籍教授Alex Baratta讲授，为期三周，每周6课时。第一周Baratta教授主要从语言学理论进行切入，讲授了语言与文化之间的关联，并以自身多文化背景经历（其母亲为英国人，父亲为美国人，妻子为韩国人）引导学生学习语言必须兼顾三个层面,即语法(grammar)、意义(meaning)和文体(style),并通过大量的真实语言实例及操练来加强学生的语言认知和习得。课后,学生还参加了曼大孔子学院举办的"汉语角"活动,与国外的汉语学习者进行交流。教育教学类课程包括 TESOL 课程,TKT 课程和 INTERCULTURAL COMMUNICATION 课程。TESOL 课程以语言课堂的组织和操作以及如何撰写教案、如何设计课堂游戏为重点,侧重理论讲解和课堂示范。TKT 课程与 TESOL 课程形成互补,由 Wendy Symes 主讲,课堂上以学生为中心,注重学生的参与和讨论。该课程设计严谨,课与课之间衔接紧密,每次课后学生需根据课堂所学内容完成一定量的书面作业,最后一次课将根据每次作业内容形成完整的课堂陈述及教案。INTERCULTURAL COMMUNICATION 课程主要展示了中英之间的文化差异,并通过提问的形式引发学生思考,培养学生的跨文化意识。二是集体参观英国当地富有特色的人文景点或调研知名企业,通过饮食、购物、乘坐交通工具等亲身体验英国文化,锻炼口头交流能力。学生们相继品尝了传统的英式早餐、参观牛津大学、体验购物、参观知名博物馆和图书馆。让学生既学到了与自己专业相关的知识,又增强了对英国人文环境及风土人情的深层理解和感悟。同时,便于学生将课堂所学知识与亲身生活体验紧密联系起来,有利于知识的内化,促进语言能力的提高。调研活动重点安排了参观 BBC 媒体城的实践活动,让学生了解西方媒体的发展情况,捕捉英国影视剧中的场景和人物,感受影视生活和现实生活的距离。这样的游学实践和交流为学生创造了深入了解目的语国家语言文化的良机,也丰富了学生的跨文化交际知识,提升了学生的跨文化交际技能。

总的来说，第三课堂教学的展开在设计思路上要有别于第一课堂，不然就成了45分钟课堂教学的简单重复，学生会觉得枯燥乏味；在形式上也要有别于第二课堂，不然也就是各种活动的延伸，学生无法系统地学习。天华学院在第三课堂的设计上主要强调的是针对性，针对民办高校学生英语基础普遍薄弱和学习自觉性较差的现状，有针对性地安排了适合学生水平的视频学习，以各种辅助手段来保证视频的有效观看，以多样化的形式来检验视频学习的实际效果，这样就使得第三课堂的平台能够有效地辅助学生的语言学习。

简言之，天华学院创立的"三位一体"的教学模式成功打造了高校语言学习的立体课堂。这样的立体课堂教学既顺应了人才培养本身的发展规律，也为学生在学习内容和方式上提供了更多有趣而有效的选择机会，更能充分满足学生对于语言学习的个性需求。这样的立体教学是对传统教学的有益补充、拓展和延伸，使得教学不再拘泥于45分钟的课堂教学，不再只能借助于课本或者PPT，而是有了更加多样的教学手段、方法和途径。无论是活力课堂推动下的第一课堂，还是活动为支撑的第二课堂，抑或是有针对性的第三课堂实践平台，立体的教学模式有效增强了教学的直观性和感染力，增加了教师与学生的交流和沟通，也为语言学习提供了多维度的教学手段。有了这样的全方位立体学习课堂，学生的语言知识与能力自然可以得到全方位的提升和提高。

Chapter 3 第三章

实践探索之
翻译知识与能力培养

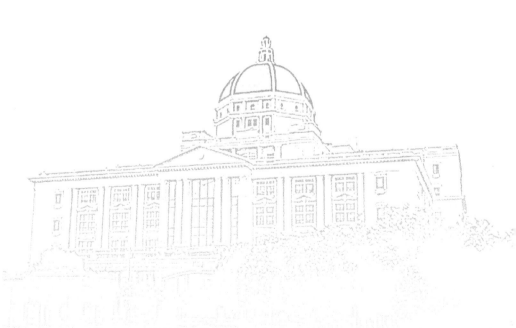

仲伟合、穆雷（2008）提出，翻译人才培养要厘清的一个概念是翻译专业人才和传统的英语专业人才的区别。简言之，会外语并不等同于会翻译。虽然每年各类院校为社会输送了大量的英语专业人才，但其中能成为合格翻译的人才寥寥无几，这一点早已为学界所承认。简单地将外语人才和翻译人才等同起来，其实是抹杀了翻译这门学科的专业性和特殊性。所以仅仅只有扎实的语言技能并不能够保证翻译人才的顺利培养，对于翻译人才培养来说，翻译技能的培养和百科知识的教育更为重要。

英语作为一门实践操作性强的学科，要求学校在人才培养的过程中时刻关注实践教学，这一点对于本身实践性极强的英语翻译人才培养来说更是如此。如何培养学生的翻译技能？蒙特雷国际研究学院翻译及语言学院是世界知名的专业研究生翻译学院之一，是美国唯一的翻译学院，也是美国翻译家协会和国际翻译家协会的团体会员，是国际高校翻译学院联合会成员。他们在翻译教学方面的课程设置必然对我们的翻译教学给予很多有益的借鉴。该学院中文翻译系主任陈瑞清副教授是这么介绍蒙特雷翻译学院的课程设置的：其总体特色就是

"应社会所需",因此其教学内容和实习形式都会紧密联系社会需要,注重培养学生的口笔译实战能力。以其特色课程"口译实习课"和"笔译实习课(practicum)"为例,这两门课程强调的就是在实践中锻炼翻译技能。前者是让学生在学校举办的讲座中担任口译,后者则要求一人或者多人在一个学期内自找5 000~20 000字或词的文本做笔译,经与老师一起讨论修改完成后可以获得学分。(王建国、陈瑞清,2014)正是因为课程设置强调了实践性,蒙特雷翻译学院才能在世界的翻译教学和研究中声名鹊起,其培养的学生也深受市场和社会的欢迎。

由于翻译活动本身的特殊性,学界通常认为"只有在理论与实践相结合的模式下"才能培养学生的翻译技能。(莫爱屏,2013)这点既为学界所公认,也在蒙特雷国际研究院的翻译教学中得到了充分验证。可是,在实际的教学过程中,我国的翻译实践教学环节仍然较为薄弱。(贺鸿莉、莫爱屏,2016)通过对国内已经设立翻译专业的20所高校本科翻译人才培养的实践教学现状和18家翻译用人单位的人才需求状况进行调研,贺鸿莉和莫爱屏(2016)发现,在目前的翻译人才培养过程中,翻译的实践教学模块存在诸多不足,校内实践教学重理

论轻实践,校外教学实践重形式轻内容,实践教学考核评估重结果轻过程。

公办学校的翻译教学实践情况如此,民办高校的翻译教学实践情况更是不容乐观。虽然应用型人才培养都被民办高校视作目标,可是,对照民办高校翻译类的课程设置,我们不难发现,其课程体系在很大比例上仍然属于理论课程的范畴,真正意义上的实践课程几乎没有开设。(代玉华,2011)更为严重的是大量的理论课程过于重视的是文学翻译,忽略了对学生应用型翻译知识和技能的培养。(黄梨,2013)赵衢(2010)也指出,由于受实践基地缺乏的限制,学生很难得到实践的机会,理论与实践常常脱节,因而毕业生无论是在语言应用能力,还是在应变能力和实际操作能力等方面都无法满足社会对于英语翻译人才的基本需求,这样的课程设置也自然使得民办高校的毕业生在就业市场上处于极为不利的位置。

孙超等(2017)在针对上海市民办高校翻译教学实践的调研中发现,几所民办高校的负责人在访谈中无一例外地表示了各自学校在翻译实践基地拓展上的艰难。专业负责人表示,学生实践基本形式为学生自找出路,虽然学校与一些翻译公司

达成了合作关系,但普遍不够深入,无法为学生提供稳定的长期的翻译实践渠道。他们也与一些翻译公司有过接触,希望能与这些翻译公司进行长期的合作,但通常民办高校的学生在与公办高校学生的竞争中不占优势,所以这些合作大多不了了之。目前在实践基地的开拓上民办高校以教育类为主,与当地的中学和培训机构达成了教育见习的协议。有的民办高校虽然斥资建造了高规格的同传实验室,但目前利用率并不高,基本处于闲置状态。

其实,英语专业翻译方向或者翻译专业的校企合作一直都面临着开拓难的困境。所谓的校企合作,指的是高等院校创新发展与企业联合培养人才的一种方式,这种方式不仅需要考虑学校的教学安排,也要以企业的实际情况为出发点。(隋俊等,2014)正如专业负责人在访谈中所说的那样,民办高校的本科生在质量上无法与公办高校学生竞争,所以在翻译专业遍地开花的情况下,很多公司对于接收来自民办高校英语专业翻译方向或者翻译专业的学生参与实习的积极性并不高,兴趣并不大;即使达成合作,很多时候学生在顶岗实习的过程中从事的也是与自己专业无关的工作,这对于学校的专业建设起不到

促进作用。(隋俊等，2014) 一方面是企业对于接收实习生不情愿，一方面用人单位又会抱怨毕业生缺乏翻译实践经验，而现实中，重理论轻实践的教学现状确实使得毕业生在实际工作中缺乏有效竞争力。因此，对于民办高校来说，要想在严峻的就业市场中提高毕业生的竞争力，就必须加大实习实训的力度，在办学实践中"重实践""重技能"，这样学生才能在激烈的竞争中脱颖而出。

针对合作困难的现实，其实民办高校应该转变合作的思路，认识到翻译的实践活动其实包括校内和校外实践两个部分。校外社会实践就是打破了传统翻译教学模式，将课堂延伸到了社会，使学生尽早适应工作需要。(薛莲，2012) 这当然是最理想的训练方式，因为企业顶岗实习能够让学生最直观深刻地接触社会、了解企业，但是在实际操作中，如果因为让学生顶岗操作出现纰漏，会给企业造成较大损失，甚至会泄漏企业的商业机密，这一点在翻译这一行业尤为重要。所以无论从用人单位的角度出发，还是从实际情况来看，校内实训其实都是锻炼学生的最佳途径。(孙超等，2017) 请企业专家介绍实战经验、分享体会，就不失为一个培养翻译人才的有效途径。

第三章
实践探索之翻译知识与能力培养

另外还可以通过展会实习的形式来提高学生的口译实践能力。校内实践还可以包括笔译类的翻译名篇欣赏与批评、时文翻译等,以及口译类的口译观摩与欣赏、口译工作坊、模拟国际会议、译者职业知识等。

我国的民办高校大多定位于培养"灰领"人才,因此应在教学中注重技能培养,与行业、企业合作开展实习、实践,形成学校和社会无缝对接的学习与就业途径。实践中的学习和锻炼能够让学生具有更强的社会责任感,并且更清楚地认识到自身的不足,提早准备,学习相关的专业知识,备考专业证件,从而明确今后的学习目标和就业方向。提早实践,学生就能更好地了解社会,明确自己的学习目标和职业规划,也不至于对前途充满迷茫。

如何有效地在实践中提高学生的翻译知识和技能?在这一章节中,笔者将主要围绕天华学院创立的校内翻译实践工作坊和师资资源这两个方面着重进行阐释。

第一节
翻译工作坊实践模式

李明和仲伟合（2010）提出，在本科阶段的翻译教学中，要想充分实现其鲜明的实践性特质，教师应该让"翻译实践真实有效地走进课堂"。要想做到这一点，教师就应当以翻译过程为导向，贯彻翻译过程教学的理念。

何为翻译过程教学？对于这个概念很多学者都予以深刻的阐释。简单来说，真正的翻译过程教学是要将学生视作教学的主体，教师不再是翻译课堂的唯一权威。要想充分发挥学生的主体作用，我们就要鼓励学生在自主翻译的过程中发挥自己的主观能动性，理解并运用翻译理论和翻译技巧，查证资料，搜寻信息，针对翻译中遇到的障碍和难题在老师的帮助下发动班级同学进行讨论、协商，从而提高自己分析问题、解决问题的能力，并最终提升翻译能力，尤其是理论联系实际的能力。翻译产品的诞生并不意味着翻译活动的结束，通过撰写翻译报告和日志，帮助学生反思翻译过程中的理论、技巧的运用，修改过程的理据和翻译时的认知。（贺鸿莉、莫爱屏，2016）在这样的实践过程中，教师可以采用"翻译实训平台和翻译工作坊等形式，营造以市场为导向的课堂环境，让学生参加模拟的或者真实的翻译项目"，坚持以培养译者多元能力为目标的实践教学模式。（贺鸿莉、莫爱屏，2016）正如李明和仲伟合

（2010）所说的，"作为一种教学方式，翻译工作坊为学生提供大量高强度翻译训练的平台，让学生通过'在翻译中学习翻译''在合作中学习翻译''在讨论中学习翻译'的方式不断提高翻译能力和译者能力，并通过课内外的交互学习环境，去感悟、领会和把握翻译的真谛，为他们日后独立从事翻译活动，实施翻译项目，承接翻译任务打下基础"。

翻译工作坊的概念起源于20世纪60年代美国开设的"翻译培训班"（translation workshop）。由于workshop本身的多义性，既可以指"讲习班""培训班""研讨班"，也可以指工厂的"车间"或"作坊"，所以翻译工作坊的概念就兼有两方面的含义，强调的是以实践为导向的"翻译作坊式"的翻译研讨班。（宋平峰，2011）李明和仲伟合（2010：32）将其定义为："一群从事翻译活动的人们聚集在一起，并就某项具体翻译任务进行见仁见智的广泛而热烈的讨论，并通过不断协商，最终议定出该群体所有成员均可接受或认同的译文的一种活动。"

通过这一概念，我们不难看出翻译工作坊的核心内容包括"实践"和"研讨"两个部分。一方面，翻译教学过程中的主体——学生共同探索解决翻译问题的途径，在团队协作中完成真实的翻译任务，培养学生的团队合作精神，并帮助学生了解真实的翻译工作所需的技能，使其通过真实的翻译实践有效地学习翻译；另一方面，工作坊模式的核心——教师主要起到"调解人""组织者""推动者""监督者"和引导者的作用。（宋平峰，2011）

翻译工作坊对于翻译的实践教学有着重要的意义。对此，李明和仲伟合（2010）从六个方面对其意义进行了论述。第一，翻译工作坊有效实施了翻译技能的培训优先于理论知识的传授、应用文本的翻译优先于文学文本的翻译、通过案例探讨翻译技巧优先于泛泛而谈的翻译技巧讲解等翻译教学理念。第二，翻译工作坊教学以翻译过程为导向，关注翻译过程中的各个步骤，重视翻译过程中的错误分析，重视译文的不断修订和完善，不断加强译者素质的培养，为实现译者的翻译技能由渐进向自动化过渡奠定了基础。第三，翻译工作坊注重以学习者为中心，充分发挥学习者潜能，逐渐培养起学习者从事翻译的自我信心及其自主性和独立性，为学习者独立分析翻译问题、解决翻译问题创造了良好的氛围和条件。第四，翻译工作坊注重翻译材料的真实性、语篇性和语篇类型，与翻译市场上的翻译项目或翻译任务紧密结合，既充分考虑翻译市场需求，又将学生需求纳入其中，做到了培训的有的放矢。第五，翻译工作坊注重培养译者的专业技能和人际交往技能，强调语言知识与专业知识的不断积累和更新，凸显译者翻译能力和译者能力等职业能力的培养、译者合作精神及合作能力培养，为译者顺利走向社会从事职业翻译做好思想上的准备。第六，翻译工作坊注重培养译者责任意识。通过让译者自己在翻译过程中充当分析问题、解决问题、与人沟通、与人协商、自我评判翻译表现、担任翻译项目责任人等角色，让译者充分感受到译者被赋予的任务、责任和使命。

  天华学院在校内实践平台的打造上充分贯彻了工作坊的以实践为导向的合作式的研讨教学思路。具体来说，围绕翻译知识与能力模块天华学院打造的校内平台为每年3个月的韩素音竞赛翻译工作坊和每学期4个月的应用翻译实践工作坊。两大平台都突出学生的翻译实践能力的培养，但侧重点有所不同。

韩赛工作坊以赛代练,以赛促练,这个工作坊也是天华学院英语专业坚持了9年的传统。最初老师们认为,韩素音青年翻译奖竞赛这样的高水平赛事对于民办高校的学生或许可望而不可即,因为毕竟这是一场全球性的高水平较量,由中国译协主办的一年一度的"韩素音青年翻译奖"竞赛是我国翻译界举办的时间最长、参赛面最广、难度最大、影响面最大的一项翻译赛事。我们的学生能有资格站在这个舞台上和这些高手们过招吗?我们的学生能在这样的高水平赛事中有所收获吗?带着一连串疑惑,天华学院的老师们开始了韩素音翻译工作坊的征程,没想到初试身手,天华学院便一炮而响。第一年参加韩素音青年翻译奖竞赛,天华学院便有4名教师、4名学生拿到了英译汉优秀奖,1名教师拿到了汉译英优秀奖。有了第一次成绩的激励,工作坊办得也更加有底气。工作坊的师生们一鼓作气,连续9年参加韩素音青年翻译奖竞赛,累计获得包括一等奖在内的各类奖项46项,并且其中16项是由天华学院的学生获得(具体获奖情况参见表3-1)。能在这样面向全世界华人的大型翻译比赛中脱颖而出,这对于青年师生来说,尤其对于年轻的学子们来说,确实是项了不起的成就。

  按照惯例,每年的韩素音青年翻译奖竞赛的校内表彰会也是韩素音青年翻译奖竞赛的题目发布的时候。公布题目之后,教师会要求学生做好充分的译前准备,深入研读原文,查阅文献资料,了解作者的行文风格、遣词造句的习惯、创作背景等。因为这些对于学生理解原文、知其然且知其所以然有着巨大的帮助。曹明伦(2013:25)曾经这样说过:"[翻译]不仅要译出原作者写出的字句,而且要知道他写出这些字句的原因和道理。"

表3-1 天华学院青年师生参加第21—28届"韩素音青年翻译奖"竞赛获奖情况一览表

	英译汉								汉译英							
	一等奖		二等奖		三等奖		优胜奖		一等奖		二等奖		三等奖		优胜奖	
	全国	天华学院	全国	天华学院	全国	天华学院	全国	天华学院	全国	天华学院	全国	天华学院	全国	天华学院	全国	天华学院
21	1	0	2	0	3	0	44	4（教师）4（学生）	1	0	2	0	3	0	44	1（教师）
22	1	0	1	0	4	1（教师）	46	3（教师）2（学生）	0	0	3	0	3	0	27	2（教师）
23	1	0	4	0	6	0	60	0	1	0	4	0	6	1（教师）	40	0
24	空	0	4	1（教师）	4	0	32	2（教师）	1	0	4	1（学生）	6	0	38	1（教师）1（学生）
25	1	1（教师）	5	0	7	1（教师）	53	3（教师）4（学生）	1	0	3	0	5	1（教师）	36	0
26	1	0	2	1（教师）	8	1（教师）	60	3（教师）3（学生）	0	0	2	0	6	0	29	1（教师）
27	2	0	3	0	5	0	61	1（学生）	1	1（教师）	2	0	7	0	38	0
28		0		0	0	0	0	0	0	0	0	0	0	0	0	1（教师）

66

接着英语专业会组织学术背景不同的专业教师团队来主持接下来三个月的工作坊讨论工作。每年的3月到5月，热爱翻译的青年教师们与来自全校各个专业的学生翻译爱好者自发地集合在一起，无论学业多么繁忙，无论有多少琐碎杂事，青年师生们都雷打不动地保证每周一次的聚会。这样的聚会虽然每次有一位教师主持，但却并不等同于教师的一言堂。相反，这更像是一个济济一堂的翻译研讨会。

笔者（第二十七届韩素音青年翻译奖竞赛汉译英一等奖获得者）这样评价工作坊给予自己的帮助："在这里你会听到不同的声音、不同的见解；在这里，没有老师和学生，只有一群热忱的翻译爱好者；在这里，大家秉着共同学习的精神各抒己见，而正是这种平等基础上的思想的激烈碰撞才产生了一篇篇酣畅淋漓的译文。"（参见附录二）

工作坊活泼的研讨氛围对于翻译工作十分有帮助。一旦学生所习惯的盲从盲信被打破，他们就会积极地挑战权威、质疑权威。学生的质疑又会激发主讲教师更认真地钻研原文，这样就使得整个工作坊团队都能静下心来沉浸于翻译的文字世界中。

第二十四届韩素音青年翻译奖竞赛英译汉二等奖获得者黄蔚老师这样描写研讨会的场景："从冬衣厚重、树木萧疏的2月到春衫俏薄、柳絮纷飞的5月，窗外季节悄然流转，研讨会的教室里却永远只有一个季节——热火朝天的日子。记得当时给英文原文的标题翻译做了个头脑风暴活动，教室里立刻沸腾起来，在座的师生不分资历，不论年龄，畅所欲言，短短一个标题，成就了满满一黑板不同版本的翻译。"这里并没有唯一的标准答案，主讲者不因为主讲的地位而成为权威，学生也并不因为倾听者的角色而就只能被动接受。任何人只要言之有理，言之有物，都可以随时随地向台上的主讲者发难，以至于三个月的工作坊培训期间，主讲者被"赶下台去"的场景也屡见不鲜，可是主讲者并不会因此而感到尴尬。相反，他们会自然地坐在台下颇有风度地倾听不同的意见。为了不被"赶下台"，虽然每次研讨只有三个小时的时间，但主讲教师却要准备上好几周，每一字、每一句、每个俗语、每个典故、每个文化点都要埋头查找准确的解释和说明。听众们也不轻松，为了不让自己的争辩成为哑炮，台下的师生们也会做好细致的准备，以便随时提出质疑。这样的翻译实践教学便打破了传统的注重知识传授的课堂教学翻译模式，体现了鲜明的实践性，完成了"教学翻译"向"翻译教学"的转变。这样的转变不再以翻译结果为唯一目的，而是更加注重翻译过程中问题的解决。这样的转变不再奉字典或者教师为翻译信息的唯一来源，大家会利用网络信息手段尽可能地搜罗信息，从而佐证或者推翻结论。所以这样的翻译工作坊创造的氛围是活动的、开放的、严谨的，是一种真实的学问切磋和学问交流的过程，更是一个求真、求准、求完美的翻译实践活动。通过这样的翻译实践，天华学院的师生们自然收获良多。

有学者认为，本科英语专业的翻译教学，其重中之重还是在于对学生翻译兴趣的激发、意识的培养和潜力的挖掘。（何雅媚，2017）韩素音工作坊平等的探讨方式给了学生更多发现翻译之美的机会。笔译是一件苦差事。在当下，很少有译者能沉下心来对字词句反复斟酌和反复推敲。这三个月的研讨是学生们系统感受翻译的起点，无论获奖与否，这其中的收获都是满满的。对学生是如此，对老师们来说，更是如此。

第三章
实践探索之翻译知识与能力培养

在韩素音青年翻译奖竞赛中四次获奖（分别为第二十一届汉译英三等奖和英译汉优秀奖、第二十二届英译汉组三等奖、第二十三届汉译英组优秀奖）的韦晓英老师这样来形容漫漫译路的艰辛："面对两篇参赛原文，无论是英文还是中文，都需要仔细阅读，洞悉文理。着手翻译时更是要字斟句酌，以期了解文章本意。下笔形成文字时又面临着择词造句之难事，顿觉自身语言之贫乏，不禁暗暗告诫自己要恶补中文，多学英文。面对翻译中的困难，只能通过勤查字典，敏思苦想，纵观全文，把握每个词和每个句子。然而疏通词和句子之后，大家面临的是更大的难题，即文章中所涵盖的文化背景知识。于是又是一番艰辛的资料查找和整理过程。而疑问通达之后，还需润饰。然而要尽显原文之神韵，却似乎是遥不可及之事。由此可见，译事难，译事苦，唯有通过努力钻研才能最后创作出好的译文。"

第二十五届韩素音青年翻译奖竞赛英译汉一等奖获得者邢玥老师在获奖感言中写道："这次参加'韩赛'，让我懂得了翻译之路的艰辛，若要取得成功，贵在坚持与用心。只有用心与坚持，才能克服困难，认真思考，不断提炼，精益求精，才能有自己独立而个性的想法，才能不断提高自己的知识和能力。参加'韩赛'让我深切体会到了师生一起平等切磋讨论、畅所欲言的意义，体会到了持之以恒带来的快感和收获。"

再来看看工作坊的学生们是如何评价自己在韩素音翻译竞赛工作坊中的收获的。

第二十四届韩素音青年翻译奖竞赛汉译英二等奖获得者施华琛（学生）这样回忆自己三个月的工作坊学习经历。"参赛的过程充满了艰辛，但又令人倍感充实和温馨，想起在讨论时,大家各抒己见,表达自己的看法和见解,让我受益匪浅。有时会突然很感叹别人的见解竟是如此奇妙。每次经过激烈的讨论,总会在无意中迸出火花,让我产生很好的想法。有时对一句话琢磨了很久,却发现在自己的脑海中,竟找不到一个合适的词来表达。常常会为挑选一个合适的词纠结半天,甚至在走路吃饭的时候也还是放不下这件事,很希望自己懂的多一些再多一些。中外文化是如此博大精深,而我掌握的似乎只是沧海一粟,很多东西都还要学习。但是在嚼文嚼字的过程中,在解决疑问的同时,我的确学到了很多,感受到了迷茫之后茅塞顿开的欣喜雀跃。我想如果不是参加这次比赛,很多知识,可能我永远也不会主动地去学习和了解;如果不是参加这次比赛,可能我永远也不会体验到与老师同学们一起切磋的过程;如果不是参加这次比赛,也许我永远不会体会到那种坚持与自信带来的快乐。"

两届韩素音青年翻译奖竞赛英译汉优秀奖获得者施灿灿(学生)这样评价自己的获奖经历:"有时候梦想很难实现,即使你拼尽全力,你也没能得到期望的结果,但是你不要害怕,因为梦想就是这样。一努力就有的,那不是梦想,那是目标。参赛了没有拿奖,那不叫失败,那叫经历;参赛了拿了奖,那不叫成功,那叫成长。"

从获奖师生的感言中,不难看到,青年师生们在三个月的韩赛工作坊中,收获了翻译知识,收获了实实在在的翻译技能,收获了发现问题解决问题的技巧,收获了对翻译理论深层次的理解,收获了磨炼意志和反思进步的契机,还顺带收获了成长,学会了以"宗教般的意志和初恋般的热情"去成就自己今后的每一步努力。

英语专业的青年教师还利用参赛的契机对翻译过程进行理论上的反思，目前已有两篇文章发表于翻译界的权威核心期刊《中国翻译》上，分别是黄蔚老师发表于2014年《中国翻译》第六期的《跨越：从业余到专业》和笔者发表于2016年《中国翻译》第二期的《从"无关"到"相关"》（参见附录一）。这样的实践到理论的提升对青年教师本身的发展极为有益，实现了教学、科研相辅相成的初衷。

天华学院持之以恒的翻译竞赛工作坊组织工作如此成功，自然引起了中国译协和兄弟院校的关注。2009年11月24日的《文汇报》以"至高者方能远行"为题报道了天华学院参加"韩赛"的情况。记者对于天华学院在翻译实践的尝试和取得的成就给予了高度的评价："韩素音青年翻译奖由于参赛层次高、参赛名校多、获奖难度大，被誉为翻译界的诺贝尔奖，这样的硬骨头，天华敢啃吗？……一个学校在这样等级的赛事中取得如此成绩，是罕见的。"

2015年中国译协根据天华学院所取得的成绩，经过慎重研究，决定把第二十六届韩素音青年翻译奖竞赛的主办权交给天华学院。这是该项赛事历史上首次由民办高校承办，这是对天华学院，也是对上海民办高等教育的最大信任和肯定。天华学院接到这个承办决定后，将承办工作列为当年天华学院的重点工作之一，成立了专门的工作班组，落实了经费支持，制订了详细的工作计划，明确了各阶段的目标工作，决心把第二十六届韩素音青年翻译奖竞赛办成一届成功、出色、精彩的赛事。天华学院从复旦大学、上海外国语大学、上海交通大学、南京大学等知名高校聘请了翻译界的著名专家、知名教授组成了大赛专家组，指导大赛的组织、参考译文的形成和评审工作。本届比赛共收到有效参赛译文2 047份，创下了历年译文参赛数量之最，不仅吸引了众多高校的青年师生参加，还有国家机关、企事业单位的翻译从业人员和翻译爱好者，以及美国、英国、澳大利亚等国的海外参赛者。天华学院的努力最后得到了中国译协的高度肯定。中国译协秘书长王刚毅为天华学院颁发了"组织承办奖"。上海市教委副主任高德毅也在颁奖典礼上对天华学院出色的组织承办工作给予了高度评价。他这样说道："纵观整个赛事，程序规范，组织严密，组织高效，而这也正是天华学院这所年轻的民办高校的特点。你们的这种选择是正确的。天华学院是上海民办高等教育舞台上不可或缺的一股力量。自2005年创办以来，天华学院在办学特色与质量上狠下功夫，在教育教学、党建工作、师资培养、校园文化建设等方面特色鲜明，成绩突出，多次受到上级表彰。这些成绩的取得与学校多年以来对办学定位的明确，以及对办学理念的坚持密不可分。天华学院将参加韩素音青年翻译奖竞赛作为常规工作来抓，以此提高学生的实践能力，并借此带动学校英语教学的改革，提升团队凝聚力和竞争力，培养良好的教风和学风。"

如果说韩素音竞赛工作坊的训练更多侧重于文学类材料的翻译实践，那么英语专业创立的第二个工作坊——应用翻译工作坊则更侧重于真实的应用型材料的翻译培训。

2017年3月，首届"应用翻译实践工作坊"正式成立，"翻译工作坊"（以下简称工作坊）旨在为更多热爱翻译、希望得到更多翻译实践机会的英语专业学生提供一个实践平台。工作坊的教师团队中既有翻译硕士专业毕业的教师，也有翻译公司的资深译员。工作坊的主要形式为实地考察、定期讲座和集中讨论，并辅以适当的网络交流形式。所有翻译的材料都来自翻译公司实际的工作材料，内容为各类工程类翻译材料，包括合同、说明书、工作手册等。每轮的翻译任务在由指导教师进行讲解和梳理后，会由学员自主完成翻译工作，同时工作坊每两周举行一次研讨会，学员可以与指导教师就翻译材料中出现的各类问题进行深入探讨，通过团队合作解决实际翻译问题。每次研讨会后学生除了需要整理提交译稿外，还需要对讨论的结果进行反思，整理成翻译日志（参见附录三），强调译有所思，译有所得。经讨论修改后的译稿会交由指定的校外指导专家，也就是实习基地的翻译公司专职译员进行审校修改，最后学生会根据专业译员的审校意见进一步修改完善译稿，同时在下一次的研讨会上反思本轮翻译实践活动。

简单来说，工作坊的基本运作流程也就是一方面会由翻译公司译员教授翻译公司的实际运作流程、翻译项目的承接与处理、翻译常用软件的使用、审校等直接与市场接轨的翻译实践知识等，同时由聘请的译员负责提供材料、一对一辅导和及时反馈；另一方面在任务进行的各个环节穿插由专职教师负责的集体讨论和修改，这样的专兼合作无疑对于提升学生的应用型文本的翻译能力有很大帮助，因为课堂上的翻译练习和课后的作业无论设计得多么精巧，也不能满足学生翻译实践的需求。译员的实际操作经验弥补了专职教师实践能力的缺乏，专职教师的理论性和系统性则保证了工作坊的平稳运行。

具体到每个翻译任务的完成，天华学院则借鉴了王爱琴和任开兴（2016）提出的项目合作和支架支持模式（见图3-1）。这一模式吸取了维果斯基提出的"最近发展区域"（zone of proximal development，以下简称ZPD）和"支架"

（scaffolding）理论。根据维果斯基的理论，ZPD指的是"儿童独立解决问题的实际发展水平和在指导或与能力较强的同辈合作下解决问题的潜在发展水平之间的区域"（Nassaji & Cumming, 2000: 97）。所以，ZPD的发展不是一成不变的，而是相对的、发展的和未定型的。（王爱琴、任开兴，2016）学生能否实现从低水平向高水平的过度，也就是ZPD的发展，取决于"教师指导或与能力较强的同辈合作"。维果斯基据此进一步提出了支架理论，也就是借助"学生与专家的合作作用"提升学生的"最近发展区域"（Nassaji & Swain, 2000: 36）。简言之，为了有效提升学生的能力和水平，就必须充分发挥能力较强的同辈和专家的支架指导作用。对应到翻译能力水平的提高，天华学院借助的是通过翻译项目的合作来实现教师和行业专家的指导作用和优秀同辈的示范作用。具体来说，就是按照程度将同学进行分组，从而保证每一组由水平不同的人组成。其次，工作坊再依据项目的需求和难度进行组内成员的分工。能力较强的组员主持翻译任务的译前通读、原文分析、词汇表制作、任务分解等工作，然后再将翻译任务分项落实到组员手中，由翻译与语言能力较强的组员带领较弱组员共同完成，最后由组长进行审校，完成后进行问题分析汇报与任务总结。在整个翻译任务的完成过程中，教师与行业专家适时适当参与指导与点评，以保证整项任务顺利完成。由于能力较弱的同学在能力较强同学的帮助下有了同辈支架，不断提高自身的语言能力与翻译能力，而能力较强同学的同学又在指导教师的帮助下有了专家支架，这样的运作模式便充分发挥了维果斯基倡导的支架作用，保证了工作坊的全体学生都能在支架的作用下，不断提高自己的ZPD，在翻译上最终取得进步。

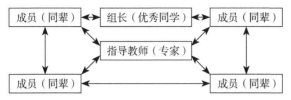

图 3-1 项目合作与支架支持下的工作坊实践模式
（转引自王爱琴、任开兴，2016）

工作坊还不定期组织学员赴翻译公司进行考察学习，加深其翻译体验，感受翻译作为职业的美。2007 年 3 月 4 日，工作坊开展了第一次活动，由工作坊指导教师带领 6 名学员前往江苏省工程技术翻译院有限公司进行一天的参观、交流和学习活动。翻译公司包亚芝董事长、朱副总经理、人事张主任及翻译项目经理兼天华学院"翻译工作坊"客座指导教师张杭琳热情接待了工作坊一行 8 人。首先，翻译院的包董事长向工作坊老师和学员介绍了公司的历史文化和现状，展示了公司自成立以来所取得的成就和对未来的展望，使学员们了解到公司雄厚的翻译实力。接着在问答环节，工作坊学员就自身现状、翻译学习和实践、翻译机构运作和职业特点及对未来职业发展的困惑等向公司领导和老师提出了问题。包董事长、朱副总经理及两位翻译项目经理耐心地为学员答疑解惑，详尽地介绍了笔译和口译从接单到成品交付的操作流程和注意事项，译员的专业素养要求以及翻译质量的考核方式等。公司领导对学员们的未来提出了殷切期望。最后，两位翻译项目经理带领老师和学员们参观了公司各个部门，介绍了其主要职能。学员们表示，此次南京之行受益良多，在与企业零距离接触中大开眼界，在细化自己的学习方向和职业规划方面获得了很大的启发和帮助。举办这类型的参观活动主要是给学员提供更多直观感受翻译这一职业的机会，使得翻译职业更加具象化，有助于学生在真正从事翻译这一职业前做好充分的心理和认知上的准备。

除了不定期的考察学习外，工作坊还邀请翻译实习基地的口笔译专家每月一次来到工作坊以讲座或一对一的形式为同学做现场指导。

工作坊的实训平台其实还可以延伸至真实的翻译情境中，这一点张春柏和吴波（2011）在论述华东师范大学的翻译工作坊实践时也表达了同样的观点，具体的形式可以是市场的笔译任务或者大型展会的口译实践等。通过查阅资料和利用网络资源做好译前准备；通过团队合作协商顺利完成译中任务；通过真实的翻译实践，帮助他们熟练运用翻译策略，反思翻译理论的合理性和不足之处。秉承这一思路，天华学院英语专业组织优秀学生积极参加各种展会翻译。例如，2017年5月17日至19日在上海国际博览中心举行的中国国际食品和饮料展览会（SLAL China）。经过校内和主办方层层筛选，英语专业共有29名学生参与了此次会展。29名学生在接受了岗前培训之后顺利上岗，全程承担了三天的展位翻译员工作。会展期间，每位同学都有固定的展位，需要为来自不同国家的展商进行口译工作，需要为语言不通的展商和顾客之间做好翻译和沟通工作。虽然对于英语专业的学生来说，很多专业的外贸词汇都是第一次接触，不同国家的口音也是翻译工作中的一大障碍，但是大家都积极准备，努力学习，最终顺利地完成此次翻译实习，并得到了展商和主办方的一致好评。这种类似的翻译实践机会还有很多。例如，2014年学生参加中国职业技术教育援外活动，为非洲法语国家职业教育管理部级研讨班的15个非洲国家的领导人提供陪同口译。2015年11月5日，美国西雅图旅游局（Visit Seattle）在上海举行推介会，推广当地旅游资源。学生担任了当天的现场翻译，清晰地向参会者传达了西雅图各类旅游资源的信息，协助与会者提问并做出准确的解释，使参会者更全面地了解西雅图。2016年8月25日，嘉定翔立方改造奠基启动仪式在NBA明星带领的团队及美国征服者啦啦队的助阵下拉开了帷幕，天华学院英语专业的学生在这次活动中承担随队志愿服务，担任陪同口译。2016年，世界创意经济峰会国际论坛在上海召开，天华学院英语专业的学生在此次论坛上承担翻译志愿者活动。这些活动极大地提升了学生对于翻译知识技能的感悟力，使得这些技能不再是空泛的书本知识，而是经过实践的内化成了学生翻译素养的一部分。为了顺利地完成实践任务，学生在担任展会翻译和陪同翻译的过程中，会自发地调动各种语言技能、翻译技能和沟通技能等，这样就顺利地实现了理论知识到实战经验的过渡，较好地帮助学生完成必要的职前准备。

韩素音青年翻译奖竞赛工作坊平台和应用翻译工作坊平台这两大实践平台为天华学院英语专业的学生提供了更多接触文字、接触翻译的机会。这里的翻译既有文学翻译，也有更接近市场的应用型翻译；这里的翻译指导既有来自专业翻译教师的，也有来自专业口笔译在职人员的，还有来自同伴的，更有自己的反思。因此，这样的实践平台有效地起到了锻炼学生翻译技能、提高学生翻译鉴赏水平的作用，做到了与今后翻译市场的充分对接。

第二节
翻译师资团队建设

仲伟合（2014）指出，教师是教育之本，其素质直接关乎人才培养质量与水平。秦秀白（2010）也指出，有好的外语教师，才有好的外语教育。翻译人才培养中不容忽视的一个环节便是翻译师资团队的质量。那么中国高校的翻译师资水平总体情况如何呢？张瑞娥、陈德用（2012）针对全国145所高校328名翻译教师就年龄、职称、学位、研究领域等多个方面进行了全面调查，发现中国高校的翻译师资在年龄结构、职称结构和学位结构等方面较1999年穆雷所做的调查都有了较为明显的改善，达到了较为理想的状况，但是相当多的翻译师资在翻译实践能力和与翻译行业接轨能力这两项衡量翻译师资的重要指标上却表现不尽如人意。这样的翻译师资必然直接制约翻译人才的培养。

民办高校在师资建设上，面临的难题更大。师资问题其实已经成为民办高校在发展过程中普遍面临的最大困境。民办高校英语专业的师资资源普遍来源于两个渠道：一是大量引进新毕业的硕士研究生；二是公办学校的返聘退休教授。不管是来自于哪一个渠道，这些外语教师普遍在学生时代花费了大量精力于听、说、读、写、译的技能训练，缺乏复合型的专业知识结构。周燕（2002）在调查中发现，对于毕业于师范学校的外语教师来说，他们知识结构的基本框架就是"语言技能＋语言学理论＋教学法"；对于非师范类的外语教师来说，他们知识结构的框架就是"语言技能＋语言学技能"，无论是哪种知识结构显然并不能保证英语专业培养人才的复合型要求。可是因为民办高校本身的"高职"属性，民办高校需要的是一支具有职业性特征的"双师型"教师队伍。这就要求教师不仅需要掌握语言技能和本领域的相关理论知识，更要具备职业敏感型，熟悉行业知识，熟悉从事职业岗位工作的基本要求和基本操作技能，并将掌握的学科理论与行业实践技能有机结合起来，选择有效的方法教授给学生，从而让学生在理论教学和实践教学中学会应用。（徐雄伟，2015）

在实际的教授过程中，民办高校的英语专业（翻译方向）极为缺少的就是这样的"双师型"教师。孙超等（2017）在针对上海市民办高校翻译方向师资资源的调查中发现，翻译方向的师资设置基本有以下几种形式。一是将开设的翻译类课程，如笔译课程、口译课程和报刊翻译课程等交由来源于其母体学校的兼职教授来承担；二是招聘了一些MTI方向毕业的研究生承担翻译类课程的教学任务；三是借用英语专业本身的语言学或文学出身的老师来教授口笔译课程。这三种形式其实都存在弊端。

这样的结论也在傅敬民和居蓓蕾（2012）的研究中得到了佐证，他们也认为目前应用型本科院校的翻译师资无法让人满意。首先，兼职教授本身的流动性无法保证教学效果。调研组在访谈后随机旁听了两节高年级的口译课，从听课内容上来看，教学已经进入即将考核的阶段，但教学效果一般。教师更多的只是对学生进行词语或者习语的中英文转换，并没有达到口译应有的教学目标，教学效果自然大打折扣。同时，对于兼职教师的监管也一直是民办高校面临的难题。其次，文学类翻译并不适用于以应用型为发展方向的民办高校。有些学校看似有着扎实的师资，但细细分析下来不难发现，该专业的带头人更多从事的是文学类翻译，从该专业三、四年级的专业课中也不难看到，翻译专业学生选修的专业课多为文学类翻译课，这和民办高校需要走的应用翻译道路并不十分契合。因此，这样的师资配置并不能有效地培养应用型的翻译人才。最后，MTI专业毕业生并不一定能成为翻译方向的专业课教师；外语好也并不等同于外语翻译能够做好。何刚强（2010）指出，大批的翻译课教师由于本身并不从事或基本没有进行应用翻译的实际体验，也不关注这方面的信息与进展，使得自己长期与社会的翻译需求和实际操作脱节明显。大多数英语专业教师并没有翻译行业的资格证书，或者说即使有证书也只是抱着提高英语技能的兴趣去考一下而已，并没有在这一行业继续从事翻译实践工作，而且并不一定直接承担翻译课程的教学。所以如何稳定兼职队伍，如何做到将讲座内容和与相关课程匹配起来，如何保证兼职教师的教学效果，这些都是民办高校英语专业负责人需要深入考量的问题。

对于翻译师资建设问题，天华学院的做法收到了实效，值得民办学院和同类院校借鉴。简单来说，天华学院在翻译师资培养上践行"请进来"和"强自身"的原则，用好"外援"，练好"内功"。

在师资资源建设上践行"请进来"的原则，也就是充分利用实习基地口笔译一线人员的丰富资源。天华学院与上海卓译同声翻译有限公司、江苏省工程技术翻译院、瑞科翻译有限公司等多家老牌翻译公司建立了长期合作关系，聘请了一线口笔译人员担任校外指导教师，以集中讲座、一对一在线指导、研讨会等多种形式对学员进行专题指导。这些聘请的校外指导教师都是有着多年从业经验的口笔译专家，但同时又是术业各有专攻，所以他们的指导从全方位帮助学员建立起了对口笔译的认知。

有的校外指导教师是典型的笔译实践派，因而在多年的翻译实战中积累起了对双语转换非常敏锐的意识，也积累了大量的双语转换实例，这样的讲座有助于学生掌握基本的翻译技能，同时由于指导教师本身也从事翻译项目管理，这使得学生可以从更高的职业宏观角度了解翻译工作在实际开展中的流程。

有的校外指导教师是理论与实践并重派。他们一方面自己多年从事影视作品翻译，著作等身；另一方面在理论方面的研究笔耕不辍。其较高的理论水平和素养能有效地帮助学生高屋建瓴地理解翻译实践的精妙。

有的校外指导教师是典型的翻译技术派，他们会结合自己丰富的翻译和管理经验，就一些重要话题如翻译与本地化的区别、计算机辅助翻译概念、翻译软件和设备及翻译工作流程、机器翻译、现代语言服务人才的素质要求等方面对学员进行深入浅出的阐述，还会推荐不少有助于专业学习和翻译实践的计算机软件和操作方法。虽然学生们可能对翻译技术领域的一些术语和内容还不甚理解，但这样的技术类讲座帮助他们拓宽了视野，使他们了解了许多课本和课堂之外的知识，打破了对传统翻译方法的认知，认识到翻译行业与市场对现代译者的多方位要求，将英语专业学生领入了应用翻译学习的新领域。

有的校外指导教师是同传行业的佼佼者。他们会结合自己多年的同传经验，将同学们的目光引向口译金字塔的塔尖，高屋建瓴地从同传质量标准、能否和如何成为一名优秀的同传等方面进行了细致生动的介绍。由于指导教师本身有着丰富的同声翻译经历和经验，而这些经验暂时是我们的专职教师所不具备的，她的旁征博引和鲜活事例自然能为学生们奉献一场精神盛宴。这些口笔译人员都是活跃在翻译一线的精英，他们的加入使得翻译不再是空洞的理论，而变成了活生生的实例，自然也就能够让学生对翻译产生浓厚的兴趣。

从天华学院英语专业的师资建设路径中我们不难看出，通过"请进来"的策略，天华学院在培养翻译人才的过程中实现了不可或缺的一环——师资水平上得到了大幅提升。

值得注意的是，虽然专兼结合的教师队伍确实可以解决民办高校英语专业缺乏"双师型"教师的困难，但是民办高校在师资配备上不能完全依赖外援，不能忽视"练好内功"，换句话说，专职教师队伍的建设也同样是翻译人才培养的关键之所在。正因为注意到了"强自身"对于翻译师资队伍的重要意义，天华学院采取了多元举措，优化自身的专职团队。

首先，借助天华翻译研究所的成立契机组建了一支精干的青年教师翻译队伍，通过各种翻译实践提高教师自身的翻译素养，丰富教师的翻译实战经验。其实这支教师翻译团队的运作模式和学生应用翻译工作坊的运作模式有异曲同工之妙，都是借助了专家支架和优秀同伴的支架作用来实现团队成员翻译水平的整体提高。以团队目前接手的《陶行知教育精选文集英译》项目为例，由于这样的集体翻译工作其实最难统一的是翻译风格，首先，项目组会由翻译能力较强并且翻译经验丰富的教师组成术语词库小组,统一全文重点词汇的英译,接着任选一篇中文,经协商后公布英译版本,供小组其他成员参考。为了保证参考译文的权威性,小组特邀了华东师范大学教育学博士、中国教育史教授金林祥和上海师范大学英语语言文学教授、中国陶行知研究会常务理事陆建非担任译文的审校工作。同时术语的确立还征求了上海市陶行知纪念馆馆长陈勤红女士的意见。在明确了译稿的基本风格和用词之后,教师翻译团队再进一步细分翻译任务。经过长达三个月的集体商讨与合作,共计完成陶行知78篇教育类论文汉译英工作。这样的集体合作既有强弱联合的同伴支架,也有陶行知教育论文领域的研究专家起到的专家支架作用,因而不仅团队成员的翻译能力和水平有了长足的进步,翻译成果的质量也得到了有效保障。目前翻译团队由上海外语教育出版社出版译著一本,共计8万字,另有3本译著共计28万字处于审稿中,即将由华东师范大学出版社或译林出版社出版。

其次,通过邀请董建桥、孙胜忠、张春柏等国内知名教授来天华学院举办系列讲学,加大教师的校内培训力度,提升教师的专业素养。2016年和2017年两年间共计举办校内专业讲座14场,大大拓宽了教师的专业视野。校外培训也是提高教师水平的有效途径之一。2016年一年间教师累计校外培训人次达到14人次,2017年累计校外培训人次达到7人次,主要围绕有效提升教学水平、提升团队双师素质师资比例和提升团队科研水平这三方面进行。团队成员赶赴上海外国语大学、厦门大学等国内知名高校,了解学习这些国内口笔译行业的佼佼者在专业建设方面的经验和成果。同时,教师的出国培训也开展得有声有色。两年间,共有2人赴国外进修博士、硕士学位，5人赴美完成半年的双语教师培训，并各自至少引进一门双语课程回国。

优化教师团队的第三个重要举措为强化教师内部交流与合作，打造一支富有凝聚力的高水平教学队伍。一方面，天华学院利用名师工作坊平台，邀请老教授和有经验的老教师以传帮带的形式不定期组织课程研讨会或经验交流会，通过以老带新的形式迅速使年轻教师成长起来。另一方面，年轻教师也会通过举行公开课等多种内部学术交流活动，互相切磋共同探讨，如2017年5月份成功举办的第一届英语教师教学技能大赛。这样的教学共同体对于新老教师双方都有着极大的促进，不仅年轻教师可以汲取老教师的宝贵教学经验，避免教学上走弯路，老教师可以在帮助新教师的过程中获取前进的动力，避免因为职业倦怠而在工作上停滞不前。天华学院不仅在教学上有互帮互助的举措，在科研上，项目组也尽力为教师们提供平台。比如，最近的两期《天华教育研究》上辟出了专门的翻译专题研究，团队教师共计发表翻译类论文15篇，这样的翻译教学研讨也极大地提升了翻译师资的理论水平。

正是因为在团队建设中有了这些举措，天华学院的教师团队在短短两年的时间里取得了丰硕的成果：教师在教学比赛中获得市级二等奖一项、市级优胜奖一项、校级一等奖一项；在科研上出版专著2本、教材9本、译著4本；获得江苏省哲学社科成果奖二等奖一项、国家级翻译比赛优秀奖一项；发表论文12篇，其中2篇为CSSCI期刊；成功申请市级重大内涵项目1项、市教委重点课程2项、校级教改项目7项、市级科研项目3项；获得市级荣誉3项、校级荣誉1项；1人被评为副教授，3人被评为校教学名师，其中1人被评为校二级教学名师，这也是天华学院目前为止唯一的二级教学名师；有4人获得美国太平洋大学博士学位，有1人获得国内知名高校博士学位，大大提升了团队的学历结构。

  由于练好了内功，专兼结合的教师队伍也就真正得到了落实，翻译人才的培养也就不再是无本之木、无水之源。

Chapter 4 第四章

实践探索之
思辨能力与跨文化能力培养

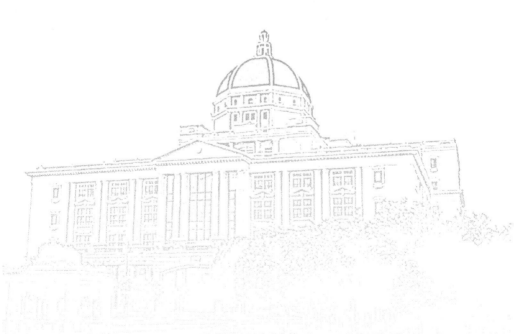

语言与文化永远是密不可分的整体,语言是文化的表现形式,而文化则是语言赖以生存的基础。从文化的视角来看,口笔译就是将复杂的文化信息通过语言的变换以另一种语言形式表现出来。(董翌,2012)所以合格的译者除了需要具备扎实的语言技能与知识、熟练的翻译技能与知识外,还需要掌握广博的文化知识与跨文化交际的能力,这样才能在文化信息的传递的过程中顺利地实现语码的转换。美国翻译理论家尤金·奈达(2011:82)也指出:"翻译是两种文化之间的交流。对于真正成功的翻译而言,熟悉两种文化甚至比掌握两种语言更重要。因为词语只有在其作用的文化背景中才有意义。"因此,在翻译人才的培养过程中,文化知识和跨文化交际能力永远是关键的一环,我们需要在培养学生的翻译能力导入文化因素。但是正如张红玲(2007:125)在其著作中所说的那样,"由于对文化教学的意义认识不够全面、深入,对文化学习的过程和内容知之甚少,今天的外语教学中,文化教学具有极大的局限性,只停留在具体文化信息的传授,忽略了文化能力的培养。这不仅阻碍了跨文化交际能力的培养,而且延缓了外语学习的进程"。

第四章
实践探索之思辨能力与跨文化能力培养

翻译人才培养中另一不可或缺的能力便是学生的思辨能力。作为一种思维方式,思辨是复杂的高层次心理活动,是分析、推理、判断等多种思维活动的综合。(黄玉霞,2017)西方学术界自古以来便有着良好的思辨传统,可是在中国,尤其在外语教育领域,思辨缺席却是不争的事实。翻译过程中忽视思辨能力培养,就会使得学生只关注翻译技能的机械训练,由于缺乏深入认识中英两种语言在词汇、句式和语篇层面的巨大差异,不能充分了解中西方思维模式的差异,学生的翻译往往欧式汉语和中式英语现象频现,无法灵活地进行双语文化和思维模式转换,也无法鉴赏评判译文质量。

但是,无论是文化因素的导入,还是思辨能力的训练,这都是一项系统而复杂的工程,我们既需要有意识、有计划、有组织、有系统地将这一因素贯穿课堂教学的始终,又需要充分延展文化学习和思辨训练至课外学习的多个环节,使得学生能在专题讲座、工作坊等多种形式的训练下逐渐深入对所学语言的国家的历史、政治、地理、文学、教育、风俗等的认识和理解(韦孟芬,2010),将思辨能力内化。天华学院英语专业翻译人才的培养思路正是围绕这两点来展开的。

第一节
课程中的文化素养与审辨思维培养

首先,笔者将以英语专业一、二年级阶段的"综合英语"课程为例来说明文化素养在课堂教学中是如何被导入的。教育部发布《关于全面深化课程改革落实立德树人根本任务的意见》(以下简称《意见》),对现代外语教学提出了新的要求和挑战,推动我国课程改革逐渐进入全面深化阶段。即将颁布的《高等学校英语专业本科教学质量国家标准》明确了英语学科的"人文性",强调英语专业人才培养应体现"全人"的教育理念,着重提出跨文化交际能力培养的教学目标。由此,现代英语教学正在回归"以人为本"和"教书育人"这一教育的本质。另一方面,《意见》要求课程改革中的育人目标突出中华优秀传统文化传承以及文化底蕴的培养。中国的经济实力持续提升,已进入世界舞台的中央,但是与之匹配的文化软实力亟

第四章
实践探索之思辨能力与跨文化能力培养

待提升。传播好中国文化,讲好中国故事是当今国家文化发展的重大战略。英语专业的人才培养要服务于国家的文化战略。如何在英语专业课程设置中提升学生的跨文化能力,在加深学生对中华文化理解的同时,以外国同胞能够接受、乐于接受的方式讲好中国故事,是英语专业课开设时必须予以考虑的议题。

本课程项目以萨丕尔-沃尔夫假说为理论基础,以服务好国家文化战略需求为动机,希望以跨文化为导向的英语专业"综合英语"在课堂实践中能走出一条新路,帮助学生打开中外两扇文化的大门。论及了语言和思维、文化的关系问题的萨丕尔-沃尔夫假说一直是语言学界的热点话题,也是人类学、语义学、语用学、语言教学等学科所共同关心的课题。假说分为强式和弱式两种,强式假说主张语言结构决定人的思维方式,并主导着感知行为,即语言决定思维、信念、态度等。弱式假说主张语言知识在一定程度上影响思维,并不起制约或主导作用,只是在一定程度上起着塑造人的思维、影响人的思想的作用。强式假说和弱式假说的共核是语言和思维是互为作用的关系,这对语言教学有重要的启示。

这门课程 2017 年被评为上海市教委重点课程,课程以培养跨文化素养为导向,所以主讲教师在课程教学中贯穿了以下两个基本思路:一是从教学内容中选取适合跨文化对比的主题和课文设计为跨文化主题课;二是在日常单元学习中融入文化知识点的讲解和文化对比,促使学生从跨文化视角学有所思、思有所得。课程以上海外语教育出版社"十二五"普通高等教育本科国家级规划教材《综合教程》1—4册为主要教材,根据教学大纲和具体学时,每册教授5个单元,共计20个单元。作为第一种跨文化主题课,主讲教师从这20单元中专门挑选适合用作跨文化教学的单元,以项目驱动为手段带动语言技能训练和语言输出。具体课程设计安排如下。

表4-1 跨文化素养教学设计

教学单元			教学内容	教学安排
基础英语	第一册	Unit 3 Whatever Happened to Manners?	学生搜集观察校园中课堂、寝室和食堂中的各种不文明的现象,并制作成海报,在班里进行宣讲;重读《弟子规》第三部分"谨"("谨"阐释了待人接物的礼仪)的内容,对比中外礼仪差异。	小组活动(课前)+ presentation(1课时)

第四章
实践探索之思辨能力与跨文化能力培养

续表

教学单元			教学内容	教学安排
基础英语	第一册	Unit 8 My Forever Valentine's Day	1. 学生自主查找西方情人节的背景知识，利用补充视频材料检验其掌握程度。	微课视频（课后）+集体讨论（1课时）
			2. 引导学生关注中国的七夕节，由学生分组表演并讲述中国七夕节的来历。	角色扮演（1课时）
			3. 了解了两种文化下情人节的不同背景之后，学生将两者进行对比，并在教师的引导下将主题升华为如何批判地看待社会上对于西方节日的狂热情绪。	集体讨论（1课时）
基础英语	第二册	Unit 2 The Virtues of Growing Older	1. 以"being old and growing old"为主题布置访谈任务，调研个体对于变老这一话题的认识。	访谈（课前）+ presentation（1课时）
			2. 由叶芝的"When you're old"引出《当你老了》，并对比罗素的"How to grow old"来探究东西方对于衰老这一话题的不同态度和看法。	集体讨论（2课时）
		Unit 4 Cultural Encounters	1. 以拒载中国学者文章和洗衣粉广告为例引出文化冲突这一主题。	集体讨论（1课时）
			2. 搜集整理英语作为语言在全球扩张的例证。	小组活动 + presentation（1课时）

93

续 表

教学单元			教学内容	教学安排
基础英语	第二册	Unit 4 Cultural Encounters	3. 搜集整理由于文化差异而导致的翻译中的不可译例子。	小组活动+presentation（1课时）
中级英语	第三册	Unit 1 Fresh Start	1. 为大一新生举办orientation，制作英文版入学指南。	小组活动（课前）+presentation（1课时）
			2. 记录迎新片段，并对比美国大学入学视频来比较中西方异同点。	小组活动（课前）+集体讨论（1课时）
		Unit 2 The Company Man	1. 调查东西方对于"live to work or work to live"的基本态度。	调研（课前）+presentation（1课时）
			2. 对比分析态度所反映的文化根源。	集体讨论（1课时）
		Unit 6 How to Write a Rotten Poem?	1. 结合课文内容，学习英文诗歌中常见的修辞法：明喻和隐喻。	集体讨论（1课时）
			2. 观看视频 The Art of Metaphor（5分钟）并回答相关问题。结合视频内容和课文所学，分析一首英文诗：莎士比亚的 Sonnet 18。	小组活动（课前）+presentation（1课时）

第四章
实践探索之思辨能力与跨文化能力培养

续　表

教学单元		教学内容	教学安排
中级英语	第三册 Unit 6 How to Write a Rotten Poem?	3. 对比分析唐诗《清明》的25种英译版本。	小组活动（课前）+ presentation（1课时）
	第三册 Unit 9 Chinese Food	1. 观看视频《饮食男女》(5分钟)，回答相关问题，同时将视频中的烹调准备部分，分步骤写成说明文。	微课视频（课前）+ 翻转课堂（1课时）
		2. 观看视频 Non-Chinese Chinese Food（3分钟）并结合课文内容介绍美式中餐。	微课视频（课前）+ presentation（1课时）
		3. 阅读林语堂的《吾国吾民》中相关章节，结合课文内容，讨论并总结中国饮食和西方饮食的不同之处以及饮食背后所蕴含的文化深意。	阅读任务（课前）+ 集体讨论（1课时）
	第四册 Unit 2 Space Invaders	1. 布置访谈任务，要求学生调研电梯内个人空间入侵时个体的反应。	访谈（课前）+ presentation（1课时）
		2. 观看视频 How Close Is Too Close（长度五分钟），了解西方人士对于个人空间入侵的感受。	微课视频（课前）+ 翻转课堂（1课时）
		3. 对比东西方文化在个人空间概念上的异同点。	集体讨论（1课时）

95

续 表

教学单元			教学内容	教学安排
中级英语	第四册	Unit 6 A French Fourth	1. 观看电影《喜福会》,引导学生总结移民群体的心态。	微课视频(课前)+集体讨论(1课时)
			2. 以留学生为对象,设计问卷,调研其国外求学经历及感受。	问卷(课前)+presentation(1课时)

在第二种思路的主导下,主讲教师则注重在平时的教学中潜移默化地培养学生的跨文化能力。首先,我们重在构建学生学习者身份,夯实语言基础,并在语篇分析能力的基础上构建学生的跨文化能力,提高自我文化意识和文化差异敏感度,培养跨文化观察力和理解力。以《综合英语》中一篇课文为例,其中有一短语为 grow like a beanstalk。缺失跨文化能力的学生会将该短语猜测为瘦的像个豆芽菜,可是这个短语来自 "Jack and Beanstalk" 这则童话故事,具备这层跨文化能力的学生便会将这个短语正确理解为 grow very fast。又比如,第三册《综合英语》中有一篇课文提到了 Rod McKuen,书后的注释将其解释为:"a best-selling American poet, composer, and

第四章
实践探索之思辨能力与跨文化能力培养

singer, instrumental in the revitalization of popular poetry that took place in the 1960s and early 1970s",换句话说，Rod McKuen 是一位杰出的音乐人士，作得一手好曲，写得一手好诗。可是文中作者却说："You must first understand that the poem you write here will not be brilliant. I won't even be mediocre. But it will be better than 50% of all song lyrics and at least equal to one of Rod McKuen's best efforts."这看似和前面的注解彼此矛盾，如果 Rod McKuen 如此优秀，又怎么可能随随便便写出来的一首诗就能和他的得意之作不相上下呢？所以这里教师需要引导学生对这个文化点产生足够的敏感。仔细查阅资料，就会发现世人对于 Rod McKuen 还有另外一个评价，那就 King of Kitsch（媚俗之王），认为他的作品华而不实，缺乏深度。如果学生能有了这层文化背景知识，自然在其理解原文时就不会出现偏差。所以对于英语专业的学生来说，打基本功阶段如果能做到知其然并知其所以然，见树又见林，养成探究式的学习习惯，必将终身受益。在知其所以然这个层面，必然会涉及中西方思维方式的差异，跨文化能力显得尤为重要。

当学生具备了最基本的语篇跨文化能力之后，我们就可

以上升到跨文化异同对比的层面，目的在于增强学生的跨文化批判意识和跨文化分析能力。这里以第四册第二单元 Space Invaders 为例，说明如何将跨文化素养培养与语言技能相结合。由于课文涉及 personal space 的主题，为了帮助学生加深对文化与空间关系的理解，主讲教师引导学生利用访谈形式调查电梯中的个人空间概念，学生需要将自己的访谈对象、访谈问题一一确立，并得出相应的结论，从而帮助学生加深对这一主题的认识，对访谈法这一常用的科学研究方法有所了解。接着引导学生将自己的访谈结论与视频 How Close Is Too Close 中对于西方人的实验进行对比，从而总结出不同文化在空间关系上所起到的不同作用。这一活动将学生的自我文化与其他文化相关联，在一定程度上增强了学生的文化差异意识，同时通过讨论和展示，学生的分析能力和口语表达能力均得到锻炼。同时，在课程教学中，主讲教师还会有意识地训练学生掌握文化对比分析的能力。如第三册第一单元涉及 orientation 这一主题，教师便布置了学生对比中西方大学的 orientation procedures，并通过不同点的对比引导学生思考背后的文化根源。学生通过这一作业对于在"跨文化交际"课上所学的

第四章
实践探索之思辨能力与跨文化能力培养

"collectivism vs. individualism" "formality vs. informality" "high vs. low face concerns" 等基本的跨文化理论有了更清楚的认识,也掌握了利用理论分析现象的方法。

这种跨文化异同比较的能力其实是为之后讲好中国故事的能力做铺垫。讲好中国故事需要的是语言技能,更需要的是跨文化能力,是对于中西方文化异同的深入感受。如教材中有一单元是有关西方情人节的主题。教师在授课过程中除了带领学生关注西方情人节的来历之外,还注重引导学生关注中国的七夕节,所以课外布置了让学生分组表演并讲述中国七夕节的来历这个小组任务,并且在表演的当天请来外籍教师观看。这样的学习过程首先锻炼了学生的查找资料、分析资料的能力;其次培养的是学生的语言表达能力;再次因为是小组任务,还涉及小组协作能力。更重要的是,他们学会了如何用英语得体地讲述中国文化,尤其是如何向中文不是母语的外籍人士讲好中国文化。中国的老师和学生由于已经有了文化背景,理解他们的表演并没有大的问题。可是中国文化的外宣针对的对象是完全不了解中国文化的外国人,如果学生的表演能让这些缺乏背景知识的老外了解七夕节的来龙去脉,那就说明学生成功有

效地完成了中国文化的传递和介绍。在了解了两种文化下情人节的不同背景之后,学生的文化任务并没有结束,他们还需要将两者进行对比,并在教师的引导下将主题升华为如何批判地看待社会上对于西方节日的狂热情绪。这样的思辨是建立在对两种文化充分了解和认知的基础上,当然也就不再言之无物。为了更多地拓宽学生视野,帮助学生建立起文化比较的意识,这门课程在二年级的时候还会给学生补充一些课外阅读,如林语堂的《吾国吾民》《生活的艺术》等,旨在帮助学生更多地了解中国文化,提升文化自信。

  当然,综合英语课的主要任务还是语言技能的提升,但是经过以上努力,综合英语课的深度和广度都有明显的提升,并且它与综合英语课夯实语言基本功这一要义并不矛盾。整个课程设计中体现了任务型教学法、交际法(包括师生交际、生生交际)和输出驱动型教学理论之长,同时继承了我国外语教学中行之有效的语篇分析法。总之,本课程的教改思路是整合教学资源,以跨文化能力培养为导向,以体裁分析、文本细读为抓手,辅之以项目驱动教学法,并增加微课资源和网络互动学习,培养学生的语言技能、自学能力、跨文化素养和国际化视野。

以上主要是以课程为例来说明文化素养在课程中是如何得到重视和培养的。接下来笔者将以另一门上海市教委重点课程"基础英语"(负责人为黄蔚老师)为例来说明在课程中如何训练英语专业学生的思辨思维。

传统的教学大纲并不强调培养学生的思辨能力,所以教学目的上仍停留在"记忆、理解、掌握和应用",教学重点、难点仍然围绕"词汇、语法"展开,忽略了学生思维能力从低阶向高阶的转移,教学内容也没有做到从浅层向深层的挖掘。改革后的"基础英语"从题材分析法入手,鼓励学生对不同文本进行题材辨析、事实与观点对比、假设审视,通过深入提问、合作讨论、实时反馈等方式,辅助学生澄清概念,探究含义、合理推断、评价反馈、反思价值观等,构建学生具有审辨思维习惯和技能的语言学习者身份。因为有了这样的转变,学生学习的着眼点不再只是孤零零的字、词、句,他们必须学会从文本题材、结构、读者身份、作者立场等多个视角全方位地深入挖掘文章。具体到每个单元的教学,课程则设计了完整的课前、课中、课后的教学环节(见图 4-1)。课前用前后关联的学习任务单和微课视频来考查学生对于语言知识和概念的掌握程度，帮助学生做好审辨思维训练之前的理解和识记准备；课中则在篇章分析的基础上注重培养学生的整体理解能力、对情境的把握能力和推理能力，为认知的第二个层次即理解、应用和分析打下坚实的基础；课后则为学生建立起完整的学习任务档案袋和网上课程中心的网络讨论，强调学生的反思，使学生逐步形成评价和创造的能力。

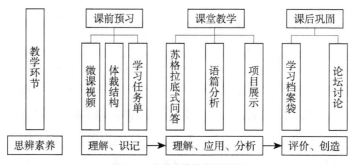

图 4-1　审辨思维教学流程图

由于加入了审辨思维，单元教学设计上发生了较大的变化。过去是围绕语言技能进行教学，现在则是围绕审辨思维组

织教学；过去是将文本人为割裂，抽取其中零散的语言点进行教学，学生的作业练习与文本关联也不大，现在则是用审辨思维框架将文本作为整体来学习，还培养学生对比分析其他题材或者同一题材的其他文本的能力；过去的教学，教师是权威，负责提供唯一的标准答案，现在的教学，教师成了引导者和学习共同体的构建者，鼓励学生通过探究、分析、论证等多种手段推导出合情合理的结果；过去的教学，学生是语言知识的被动接受者，无法主动思考，更无法挑战教师权威，现在的教学，学生成了探索者、合作者、应用者，更是学习共同体的直接推进者。经过两年的建设，这样的课程导入被证明是行之有效的，学生的审辨思维能力也提到了有效提升。

第二节
文化素养与思辨能力在课程外的延展

课程中的设计无论是文化因素导入,还是思辨能力的训练,其主要目的都是在潜移默化中帮助学生在培养语言能力、翻译能力的同时,提高文化素养和思辨能力。除此之外,韦孟芬提到的第二个重要环节是指利用专题讲座、工作坊等多种形式来延展课堂中文化因素和思辨思维。具体到我们英语专业的翻译人才培养实践,也就是打造了一个跨文化能力培训工作坊和一个辩论培训社。

每年英语专业都会有文化方向的专业指导教师利用4个月的时间针对英语专业学生开展跨文化能力培训。4个月的培训期间,学员会和指导教师一起深入分析各种中西方文化冲突的深层次根源,寻求解决方案并进行归纳提升,无论是待人接物礼仪,还是餐桌文明;无论是美食文化,抑或是跨国婚姻中

第四章
实践探索之思辨能力与跨文化能力培养

的矛盾,这些都能成为培训的分析对象,看似零散的现象背后其实都有其深刻的文化根源。学生会以生动的表演形式将问题展现,再利用所学的文化理论对其根源进行分析,同时他们还会就如何化解矛盾提出自己的观点和看法。通过这样的培训,首先,学生掌握了常用的文化分析理论,因而对于理论的了解也就不再只是局限于书本上的抽象知识,而是内化成自己的知识和理论模块。其次,学生学会运用所学理论对现象进行分析,这样就帮助他们构建起了现象与理论之间的逻辑关系,一方面既加强了自身对理论的理解,另一方面也因为有理论的指导而使得自己能够对现象有着更为深入的认识,而不是只是肤浅地停留在表层。最后,这样的训练可以有效地培养学生对于文化的意识和敏感性,他们会逐渐培养起对事物和现象的文化分析意识,而这样的文化分析意识正是我们在翻译的双语转换中不可或缺的一环。需要指出的是这样的文化分析其实也就是思辨能力训练的过程,因为学生会在潜移默化的训练中完成认知由理解识记到应用分析再到评价创造的过程。由于形式上的轻松有趣多样,这样的思辨培训不再那么枯燥和困难,学生经过 4 个月的跨文化工作坊培训不仅有效地建立起了文化意识,

自己的思辨能力也得到了长足的提升。从 2016 年开始，每年天华学院英语专业的学生都能在上海市高校学生跨文化能力大赛中获得至少三等奖的佳绩，2017 年更是击败诸多公办院校，顺利跻身十二强，成为民办高校中难得的亮点。

除了借助跨文化能力工作坊以外，天华学院还通过 ESDA 协会针对全体英语专业学生进行英文辩论培训，其目的主要在于训练学生的思辨能力，培养学生的思辨意识。每期的培训从 10 月份开始，由专业的指导教师对辩手进行每周一次的高强度训练；两个月的培训期结束之后，会以模拟赛的形式对辩手进行考核。这样，辩论队学员便能初步掌握了辩论赛的技巧，锻炼自身的听说能力和思辨能力。除此之外，指导教师还就辩论技巧面对学生开设辩论专题讲座，以期全方位地提高学生的辩论实战能力。最终会由优秀辩手组成的辩论队代表英语专业参加全校的英文辩论大赛。在 2016 年的全校英文辩论大赛中，由英语专业学生组成的辩论队顺利跻身总决赛，并荣获冠军。

除了参加本校的辩论大赛外，ESDA 还组织优秀辩手参加校外各类辩论赛。其实在最初的参赛中，ESDA 的参赛之路并

第四章
实践探索之思辨能力与跨文化能力培养

不一帆风顺。2009年之前,虽然天华学院一次又一次地寻找着组织学生参加演讲比赛的机会,可是不论是CCTV演讲比赛还是21世纪演讲比赛,都因为母体学校的参赛而拒绝了天华学院的团队参赛报名。2009年3月,几乎在将要放弃的时候,偶然的一个消息帮天华学院的师生们打开了思路:第十三届"外研社杯"全国英语辩论赛将于5月举行,目前正在报名中。英语辩论赛对于学生而言是一个极具挑战性的领域,首先要求学生具备扎实的英语功底及口语表达能力,其次要求学生具备思辨能力和广博的知识,最后还需要大量的规范训练。由于外语教育与研究出版社的英语辩论赛难度很大,在上海众多高校中,仅有上海外国语大学、上海理工大学等少数几所高校报名参赛。对于一心只在准备参与演讲比赛的天华学院来说,参加这次辩论赛既是一次挑战,又是一次机会。这一次由于母体学校并没有报名,作为民办高校的天华学院终于成功迈出了参加全国辩论竞赛的第一步。2009年5月9日,带着认真学习的态度,指导教师带着天华学院英语专业的辩论队与来自全国各地其他共133支参赛队伍展开了为期一周的辩论场上的激烈角逐。从模拟赛开始,天华学院代表队的师生们就给自己定下目标：不论结果如何，每一场都要比上一场更为出色。比赛的流程非常紧张，首先是选出辩题，接下来是紧张的赛前时间。各队的指导老师只有20分钟的辅导时间，通常指导老师是把一个逻辑框架搭出来给辩手们做参考。比如说一个辩题是"China should cap carbon emission"。指导老师就必须先定义辩题，将"cap"定义为"restrict, set a limit"。接下来就必须立代表队的 principle（主旨），详细展开 policies（政策），以及 advantages of our policies。同时，还要根据平时的积累选择合适的例证，并考虑到对方的论点和逻辑以及对应计策。可以说，短短的20分钟，作为指导老师只能给出一个简单的逻辑框架和例证，真正的发挥还是要看辩手的临场反应。这不仅对老师，更是对选手的巨大考验。一开始代表队的选手因为经验不足而表现一般，但在第三场和东南大学的较量上，天华学院的选手开始渐入佳境。两名选手充分利用他们之前所查找的有关经济学的基本常识和前两场总结的经验教训，漂亮地赢成了一场硬仗。接下来的比赛，天华学院代表队遇到了很多强队，虽然败给了像中国政法大学等知名大学，但是评委们对天华学院代表队的表现给予了充分的肯定，认为天华学院的选手

在赛场上与名校选手难分伯仲,特别是当他们知道天华学院的两名参赛选手只是大一、大二学生时,评委们更是给予了很多肯定。来自上海外国语大学的王磊老师对天华学院的两名小辩手说:"你们非常有潜力,很不简单。"来自上海理工大学的外籍教练 Rex 也非常看好天华学院的辩手将来的发展。而不论输赢,每次比赛完天华学院的选手一定会向评委老师们虚心请教,认真听取他们的评价,总结经验教训,为日后比赛积累经验。虽然第一次参赛,缺乏参赛经验,最后只取得优胜奖,但综合各方面的评价,天华学院成功迈出了参与全国英语大赛的第一步。参加第十三届"外研社杯"全国英语辩论赛为 ESDA 协会打开了通向全国级大赛的大门。天华学院选手的表现得到了组委会及其他高校的认同。自此以后,天华学院不再受到不能同母体学校同时报名某项比赛的限制。ESDA 协会活动不仅调动了英语专业同学的学习兴趣,更是吸引了全校各系各专业爱好英语演讲与辩论的同学,每周 ESDA 固定时间的培训活动座无虚席,人数最多的时候需要从其他教室借桌椅。此后的几年中,ESDA 协会在英语辩论的领域不断发展壮大。例如,在第十四届"外研社杯"全国英语辩论赛中代表队取得了三等奖的好成绩；第二届中国辩论公开赛获得全国优胜奖。ESDA 协会还举办了各类的校级和校际英语辩论赛，如 2013 年 IDEA"天华学院杯"首届华东辩论赛，2017 年成功举办中国公开赛东部赛，吸引了东部 20 多所高校 36 支辩论队参赛，而 ESDA 协会的成员们也在各项全国比赛中崭露头角，有的成员被邀请担任了在澳门举行的辩论赛的评委，有的成员应邀赴珠海参加辩论培训活动等。ESDA 协会的创立为学生们提供了一个更广阔的舞台，成员们的成功案例激励着一届又一届天华学院的学子。英语专业 ESDA 协会的成功运作现在也被推广到全校，在整个天华学院带动起了英文辩论的高潮，各个学院都会挑选出优秀的学生组成英文辩论队，由 ESDA 的优秀指导教师分学院进行专项集训指导，再辅以全校性专场思辨讲座和模拟赛，从而提升整个学校学生的语言能力和思辨能力。

　　事实证明，民办高校的学生并不应该因为本身语言功底不好而在思辨能力培养和文化能力培养上缺席。语言与文化的关系已经不言自明，而思辨能力本身就是语言能力的体现，语言能力也会因为思辨能力的辅助作用而得到磨炼。天华学院在这一块的有益尝试就是一方面借助核心课程的力量将文化素养培养和思辨能力培训贯穿始终，另一方面通过形式多样的工作坊和社团的课外延展形式集中强化学生的文化意识和思辨能力，从而有效地支撑了天华学院英语专业的翻译人才培养。

Chapter 5 第五章

结　论

民办高校
翻译人才培养实践探索

习近平总书记"一带一路"倡议构想的提出,将我国对外开放与合作引入了新的发展阶段,可以预见的是在不久的将来,我国各个领域的对外交流必将更加频繁与深入。这样的战略背景对翻译人才的数量和质量都提出了更高的要求。上海作为国际化大都市和中国的经济金融中心,在经济快速发展的大环境下,为社会培养实用性人才,责无旁贷,而上海的国际化特征也要求高校能向社会输送大批的高质量的翻译人才。虽然较之公办高校,民办高校的生源质量有比较大的差距,虽然英语学科在目前的高校学科建设中存在被边缘化的趋势,但这并不意味着民办高校不能在这一领域有所突破。如果民办高校能找准人才培养的定位和人才培养的有效路径,他们在翻译人才的培养上一样可以做出成绩和特色。天华学院英语专业在翻译人才培养上的尝试就很值得同类民办高校或者应用型高校借鉴。

在天华学院的人才培养路径图中,翻译人才不再是单一的平面概念,而是综合了语言知识与能力、翻译知识与能力、跨文化能力和思辨能力的立体复合概念,培养合格的本科翻译人才不再只是机械地进行短语、句子、短文翻译的操练,而是需要培养学生具备扎实的双语语言知识和能力,熟练的双语转

第五章 结论

换翻译知识和能力，敏感的文化意识、文化比较分析能力及缜密有序的思辨能力。由于民办高校学生的基础较为薄弱，学习自觉性较差，学习行为习惯上存在诸多不足，如果简单照搬"985""211"之类的公办学校培养模式，势必会事倍功半。在充分调研了解民办学校英语专业的人才培养现状之后，天华学院针对翻译人才培养的每一个模块设计了具体可行的实现手段（见图5-1），从而有效保证了民办高校里翻译人才培养的可能

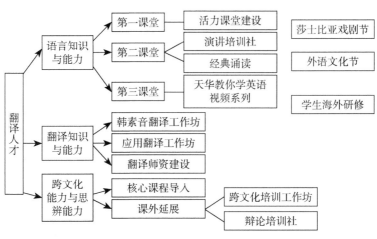

图 5-1 翻译人才培养路径图

性和可操作性。

围绕语言知识与能力模块，天华学院创立了"三位一体"的教学模式，从而成功打造了高校语言学习的立体课堂。活力课堂的教学改革守住了高校的第一课堂阵地，使得学生的语言知识与能力能在高校最根本的阵地上得到有效的夯实和提高。语言学习的课堂改变了以往机械背诵的形式，不再传统地以教师为中心，而是既有内容的创新，也有形式的创新，任务环环相扣，充分考虑了课前、课中、课后的教学实效。同时，天华学院通过教学任务的精心安排来避免教师在课堂上无所作为或者课堂教学过度娱乐化的倾向。丰富多彩的第二课堂活动则让语言学习不再枯燥乏味，无论是外语文化节还是莎士比亚戏剧节，无论是演讲培训还是经典诵读，学生的语言知识能力都在潜移默化的氛围中得到提升。第三课堂则引入了创新的语言视频教学，由于视频本身是为本校学生量身打造的，自然更符合英语专业学生的认知规律，配上海外研修更能拓宽学生的视野，丰富学生的经历，从而提高语言学习的效率。这样的"三位一体"立体课堂教学既顺应了人才培养本身的发展规律，也为学生在学习内容和方式上提供了更多有趣而有效的选

第五章 结论

择机会,更能充分满足学生对于语言学习的个性需求。这样的立体教学是对传统教学的有益补充、拓展和延伸,使得教学不再拘泥于45分钟的课堂教学,不再只能借助于课本或者PPT,而是有了更加多样的教学手段、方法和途径。立体教学模式增强了教学的直观性和感染力,增加了教师与学生的交流和沟通,为语言学习提供了多维度的教学手段。有了这样的立体学习课堂,学生的语言知识与能力自然可以得到全方位的提升和提高。

围绕翻译知识与能力模块,天华学院在校内实践平台的打造上充分贯彻了工作坊以实践为导向的合作式的研讨教学思路。传统的翻译教学过于强调字、词、句的翻译,强调技能训练,但是这样的模式是不符合当前的翻译职业发展要求的,也不适合民办学校的现状。如果民办学校在翻译人才培养实践中继续沿着这条老路走,肯定无法培养出适合职业需求的人才。传统的翻译教学方法弊病很多,既无法帮助学生培养篇章分析意识,也无法培养学生对译文的鉴赏能力,更无法让学生接触到作为职业的翻译的真正模样。基于此,天华学院引入了以实践为导向的合作式研讨教学模式。每年3个月的韩素音竞赛翻

译工作坊,以赛代练,以赛促练,合作式的研讨氛围有效地帮助层次不同的学生提高自身的翻译能力。每学期4个月的应用翻译实践工作坊则以翻译职业为导向,通过校外行业专家一对一指导、行业讲座、展会翻译实习等多种形式帮助学生做好翻译的职前准备工作。学院同时也意识到完备的翻译师资团队对于翻译人才培养的重要意义,通过多元举措优化教师团队,专兼结合的教师队伍也就真正地得到了落实,翻译人才的培养也就不再是无本之木、无水之源。

  围绕文化能力和思辨能力,天华学院在这一块的有益尝试就是,一方面借助核心课程的力量将文化素养培养和思辨能力培训贯穿始终;另一方面通过形式多样的工作坊和社团的课外延展形式集中强化学生的文化意识和思辨能力,从而有效地支撑了天华学院英语专业的翻译人才培养。民办高校的学生并不应该因为本身语言功底不好而在思辨能力和文化能力培养上缺席。语言与文化的关系已经不言自明,而思辨能力本身就是语言能力的体现,语言能力也会因为思辨能力的辅助作用而得到磨炼。

  其实不仅是天华学院可以这样来培养翻译人才,其他同

第五章
结 论

类民办高校或应用型高校都可以借鉴这样的人才培养思路。在打牢学生语言知识能力的基础上，强化学生的文化素养和思辨能力，通过合作式的探究性实践学习提升学生的翻译知识与技能。天华学院在翻译人才培养的实践过程中所取得的战果充分证明了这样的人才培养模式有效而且可行，我们也坚信这样的培养模式一定能为学生在将来的就业市场上占得先机做好必要而充分的准备。

附录一
从"无关"到"相关"[①]

——关联理论视阈下"第二十七届韩素音青年翻译奖"
汉译英一等奖译文剖析

摘要:关联理论给翻译提供了一个统一的理论框架,对翻译实践具有重要的指导作用。本文主要在 Gutt 的关联翻译理论框架下,剖析了"第二十七届韩素音青年翻译奖"汉译英一等奖译文如何以认知语境观和最佳关联为指导,在忠实于原作与兼顾译入语语文和文化特点之间做出抉择。

关键词:关联理论;认知语境;最佳关联

A Relevance-Theoretic Analysis of the First-Prize Translation in the 27th Contest of Han Suyin Award for Young Translators

Abstract: The relevance theory formulates a general theory of translation and is very conducive in translation practice. Applying the relevance theory, especially Gutt's relevance-theoretic translation theory, this paper reviews and reflects how the author seeks optimal relevance in completing the first-prize translation in

---

[①] 本文原载于《中国翻译》2016 年第 2 期。

the 27th Contest of Han Suyin Award for Young Translators.

Key words: Relevance theory; Cognitive context; Optimal relevance

1. 引言

由 Sperber 和 Wilson（1986/1995）提出的关联理论"给认知科学打下了统一基础"。关联理论指出语言交际是一个认知—推理的互明过程，话语的理解就是一种认知活动，提出了关联原则和最佳关联假设。[1] 最佳关联是一个层级概念，语境效果越大，关联性越强；处理努力越小，关联性越强。用公式表示如下：

$$关联性 = \frac{语境效果}{推理努力}$$

这一认知科学视角为翻译研究提供了一致性的理论框架。[2] 这对厘清翻译史上著名的"the milk way"是该直译为"牛奶路"还是归化为"银河系"之争提供了理据。"牛奶路"于中国读者而言，需要极大的推理努力，语境效果甚微，因此不可取。Wilson 的博士生 Gutt 从关联理论中直接引语和间接引语的理论基础上推衍出一对"直接翻译"和"间接翻译"的概念。[3] Gutt 的专著 *Translation and Relevance: Cognition and Context*（《翻译与关联——认知与语境》），专门讨论关联翻译理论，几乎刷新了人们对翻译的认知。[4] Gutt（2000：223）以圣经翻译实践为例，指出关联理论对翻译实践具有指导作用，尤其遇到一般翻译理论无法解释的情况时，最佳关联原则能为译者提供指引。[5]

本文从关联翻译理论出发，尤其是 Gutt 的理论框架，阐释笔者在翻译"第二十七届韩素音翻译奖"汉译英组《保护古村落就是保护"根性文化"》一文在忠实于原作与兼顾译入语语文和文化特点之间的抉择，敬请同行批评指正。

2. 认知语境观

语境是人们所知道的一系列事实或假设，是一个认知实体（psychological construct）。语境是指认知环境（cognitive environment），包括所有外在因素，其核心意义在于在理解过程中哪些信息会从这些外在因素中突显出来，供推理使用。Sperber 和 Wilson 认为，对已有知识的掌握会促进人们了解更多的未知。Gutt 认为认知语境观对翻译的启示在于译者要充分理解原作，理解作者的写作背景。[6]

为了获取最全面的认知语境，笔者在翻译之前做了大量信息搜索工作。这篇参赛原文节选自《贵州日报》2014 年 6 月 8 日的一篇评论性文章，作者是魏青。魏青一直呼吁古村落的保护，其发表在人民网 2015 年 1 月 1 日，题为《古村落不能成为"空壳"村落》，与这篇参赛译文很多观点类似。魏青的写作背景是当前中国处于城市化进程中，农村劳动力不断流向城市，导致了农村的衰败，对中国古村落的境遇产生了严重的影响。为了解译入语读者对这一现象的接受程度，笔者浏览了《纽约时报》《华盛顿邮报》等国外报纸上有关古村落保护的报道文章，发现这些文章多从文物具体的价值谈起，涉及中国古村落保护的较少。这些大的语境背景信息为笔者翻译提供了提示。例如：

1. 标题的翻译：保护古村落就是保护"根性文化"

1a. Preserving Chinese Cultural Prototypes—Ancient Villages

2. 首句的翻译：传统村落是指……

2a. Chinese ancient villages…

3. 台湾作家龙应台曾写过一篇……

3a. Lung Ying-tai, a famous essayist of Taiwan, China, once narrated a touching story…

笔者在标题和首句翻译时有意添加了 Chinese，是为了开宗明义向译入语读者交代文本的具体语境信息，即谈论的是中国古村落的保护问题。3a 增译 China，表明台湾是中国领土一部分的政治立场，这是汉译英时必须注意的问题。这些增译都是基于译者的认知语境，包括百科信息、逻辑信息和词汇信息。

语境信息往往还能巧妙化解翻译中的难点。这篇竞赛原文的第一个难点出现在第一段段末：

4. ……可防止传统村落无人化、空心化。

4a. ...can serve to relieve the large-scale exodus of their inhabitants and mitigate their worsening condition.

魏青在这篇文章中并未具体交代什么是"无人化、空心化"，但在《古村落不能成为"空壳"村落》一文中，他详述了什么是"空心化"：一些传统村落中的人口尤其是青壮年劳力不断"外流"，出现"人走房空"的现象，古村落出现"空心化"现象。因此,结合作者的写作大背景,笔者做了适当解释,有了译文。之所以这样解释,还有另一层考量,中国读者对城市化进程(urbanization)非常熟悉,有切身感受,但是在国外,如美国,他们正在经历的是郊区化进程(suburbanization),与我国的情形恰好相反,因此要特意说明什么是无人化。另外,此处的空心化与无人化在语义上有重叠,都是指古村落居民外流,但是空心化有言外之意,暗指无人化带来的"人走楼空"破旧惨淡的景象。这些解释都是笔者从魏青的文章中解码的信息,且于笔者对农村以及古村落的观察和感受吻合。有了这些语境知识,就不难得出 4a 的译文。

另一重要背景信息是文体,这是一篇报纸的评论。报纸的评论版一般有明确的观点倾向,是非分明,文字激扬,直抒胸臆。这篇选文也有这些特点。作者在标题中便亮明自己的观点——保护古村落就是保护"根性文化",而后从古村落濒临灭绝的现状、其在传统文化中地位,以及保护古村落的重大意义等方面阐述传统村落的保护是中华文化传承中紧迫而重大的任务。这些信息为笔者的遣词造句提供了重要的参考:用词要有文采,要传达笔者呼吁的意图。例如:

5. 最终是为了体现现代人的一份历史责任感。

5a. In so doing, we show ourselves to be sensible modern people with due respect to history.

作为报纸评论,作者的意图非常明显——呼吁现代人行动起来,保护古村落。这是文章中第一次提及呼吁的对象,作者紧迫的心情溢于言表。因此,笔者将这一分句独立成句,用

sensible 强调保护古村落是现代人义不容辞的责任，使语篇的呼吁口气跃然纸上。

为了彰显原文的文采，笔者在词汇、语句的选择上做到贴切、考究，尽量借助英文的修辞格来达到这一效果。如：

> 6. 传统文化……正在淡化，乃至消失。
> 6a. Chinese traditional cultures... have been obscured or even obliterated.

压头韵是英文中常见的修辞格，这里偶然得之，不仅能传递"淡化"和"消失"两个词语间的递进关系，又能取得声韵效果。笔者之所以敢于这样"添油加醋"，完全是为了传达作者深层的写作风格和写作意图。

3. 最佳关联

Gutt 认为关联理论对于翻译实践的最大指导价值在于，当译者在翻译中遇到没有原则和规则能遵循的情况下可以通过寻求和文本语境的最佳关联来做决定。[7] 笔者在参赛译文的翻译中确实遇到这样两难的境地。

> 7. 传统村落是指拥有物质形态和非物质形态文化遗产，具有较高的历史、文化、科学、艺术、社会、经济价值的村落。（但近年来，随着城镇化快速推进，以传统村落为代表的传统文化正在淡化，乃至消失。）
> 7a. Chinese ancient villages, with their rich tangible and

intangible cultural relics, are of high historical, cultural, scientific, artistic and economic values.

句7是参赛译文的第一句，从句式来看，这是一句下定义的句子，解释了什么是传统村落。独立看这一句，将其移译成英文并不难，可以采用类似的结构，如 Chinese ancient villages refer to those villages... 但若这样译，该句与后面转折句的衔接变得非常牵强，中文的转折之意很难顺利地传递到译入语。为了解决这一难题，笔者以寻求译入语的最佳关联、减少认知努力为原则将其改为判断句，交代清楚古村落的价值，突出它的重要的地位，为下一句阐述古村落面临的悲惨遭遇提供逻辑上的关联，因此有了译文。

Gutt 在关联翻译理论中提出了"直接翻译"的概念，但他非常反对逐字翻译（no word-by-word translation）。直接翻译主要是指解释性用法（interpretive use）：它完全依赖与原文和译文的解释性相似（interpretive resemblance）。[8]

如何跳出逐字翻译，实现最佳关联，是翻译实践中经常遇到的问题。关联理论的指导是增强语境效果，减少推理努力。笔者以原文的三处重复表达为例说明。

8. 看一个地方有没有文化底蕴，有没有文化割裂感，不仅要看辉煌灿烂的文物遗留，还可以从一座座古村落上感受出来，从古村落高大的厅堂、精致的雕饰、上等的用材，古朴浑厚、巧夺天工的建筑造型上感受出来。

8a. To tell whether a place is profound or barren in its culture, we should not only learn about its prestigious cultural relics but also walk into its ancient buildings for direct experience of their lofty halls, delicate carvings, exquisite construction materials and wonderful classic craftsmanship.

原文的两个"感受出来",用词相同,但意境有别。如何去感受一座古村落,最好的做法不外乎走进古村落,实地参观,因此第一处"感受出来"笔者直接归化为 walk into。这样再去感受古村落的文化遗存,如高大的厅堂、精致的雕饰等就顺其而然变成了 direct experience。为了突显感受古村落与看文物遗留的不同,笔者把"看"字转译为 learn about,这样古村落屹立眼前,吸引大家走进去拜访、参观的意象就有了。

9. 龙应台感慨道:"人们承认了:树,才是一个地方里真正的原住民,驱赶原住民,你是要三思而行的;不得不挪动时,你是要深刻道歉的。"对于古村落,不得不改造和推倒时,同样需要三思而行。

9a. Lung Ying-tai reflected in the story: People finally admitted that it was trees that were indigenous inhabitants. If they intended to clear them, they must weigh twice the pros and cons. Even if their expulsion was unavoidable, they should have a bad conscience about it. This is also true of Chinese traditional villages. If they have to be renovated or torn down, people must proceed with caution.

这里"三思而行"出现了两次,但是意思不尽相同:第一个需要三思的是要不要或者应不应该驱赶原住民,强调的是权衡利弊；第二个需要三思的是在改造和推到的过程中要三思而行，减少破坏，强调的是谨慎操作。笔者尽量跳脱原文字面意思的束缚，深究作者的交际意图，寻求最大的语用关联。因此，第一处的"三思而行"译为 weigh the pros and cons，第二处则译为 proceed with caution。另外，该句中的"你是要深刻道歉的"并不是指人类要去和一棵棵树道歉，而是指不得已而为之的那种内心愧疚感。因此，笔者将其译为 they should have a bad conscience about it。再看一例：

10. 如果树能留下，老太太愿意把自己的一部分房子捐出来，经过协调，工程部门同意留树。
10a. To save the tree, the old lady was willing to donate part of her house. After negotiation, the local planning bureau consented to let the old tree be.

该句的句首和句末都在谈"留树"，但是语义略有不同。老太太希望树能留下，其实是救树；工程部门留树则是不去砍树。据此，笔者将一个译为 save the tree，一个为 let the old tree be，恰好能说明不同的立场、对待老樟树的不同态度。为了最大化语境效果，笔者用了"let...be"这一拟人结构，这与原文中把树描述成一个地方的原住民相照应。挣脱词语的束缚，表面看少了参照点，困难重重，其实只要理解了文本，把握了作者的写作意图，以此为最佳关联，在中西方两种文化的选择就有据可循了。

为了取得最佳关联，译者很多时候只能从减少译入语读者的认知努力上下功夫，甚至需要变通，但这并非是说可以任意而为，译文必须受制于原文所明示的信息意图和英语读者的深层要求。笔者以参赛译文中使用频率颇高的一组近义词来说明笔者是如何在认知努力和语境效果之间寻找平衡点的。

11. 古村落是历史文化遗存的特有形式之一，是地方历史经济发展水平的象征和民俗文化的集中代表。古村落文化是传统文化的重要组成部分，它直接体现出中华姓氏的血缘文化……

11a. As a unique aspect of Chinese historical and cultural heritages, traditional villages not only embody the achievements of the local economy but have also become an important showcase for folk culture. From these villages, various Chinese cultural elements can be identified, such as…

12. 古村落是传统耕读文化和农业经济的标志……

12a. Ancient villages are the living legacy of China's traditional farming-reading culture and agriculture-dominant economy…

"象征""代表""体现""标志"这一类近义词在中文里很常见，但是直译为 symbol, token, emblem, representation, embodiment 等词势必会造成英文佶屈聱牙，不知所云。译好这一类词往往是译文成败的关键，因为它们能反应译者对原文的理解是否得当，能减少译入语读者多余的或不必要的认知努力。句11中，"象征"指的是古村落反映了历史经济发展水平；古村落"集中代表"了民俗文化的深层含义是指古村落是民俗文化的重要组成部分，其独特地位在于它是可触碰的，是能够直接感受的文化实体。因此，在翻译"代表"时必须要考虑古村落的"实"和民俗文化的"虚"。因此，笔者将象征只是作了动词化的处理译为 embody，而将"代表"译成了语义似乎不甚关联的 showcase。这样的处理完全是出于减少译入语读者的认知努力。古村落本来就是一个 showcase（意为"展示场所"），这个词具化了古村落如何"代表"民俗文化。这一句的"体现"同样值得推敲。如果把"体现"直接译为 embody，exemplify 等词，在译入语中其逻辑的合理性是值得商榷的。读者不禁会问：Why and how traditional villages embody Chinese surnames and consanguinity, clan culture, ethics...? 译入语读者对中国特有的文化现象如血缘文化、聚族文化等本已陌生，这样一译，他们更不清楚这些文化现象究竟和古村落有何关系，会导致曲解作者的明示信息。在汉语语境中，读者不会有这些疑问，读者知道"血缘文化、聚族文化、伦理观念……"都是古村落生活文化的各个组成部分。因此，笔者用 identify 一词明示古村落和这些文化点之间的关系，避免误读。笔者将句 12 中的"标志"具化为 12a 的 the living legacy，虽然在译文中似乎找不到"标志"一词，但是其意思已经交代清楚了。

　　Gutt 指出，所谓直接翻译并不是逐字翻译，而是依赖于解释性相似。在直接翻译中，我们与其说是在努力保留原文的全部语言特征，不如说在保留这些语言特征为我们提供的引导读者获得交际者本意的交际线索。[9] 笔者在直接翻译时感同身受。例如：

13. 尽管曾经酷暑寒冬，风雪雨霜，但是古老的身躯依然支撑着生命的张力，和生生不息的人并肩生存……

13a. Withstanding all weathers, these ancient villages have clung to their life with tenacity and have sheltered their inhabitants one generation after another...

"酷暑寒冬，风雪雨霜"，中文 8 个字，只需用英语的一个固定搭配 all weathers 就可以表达，这就是 Gutt 主张的直接翻译，尽量在译入语文化中找到一致的表达。再如：

14. ……古村落不可避免地被急功近利所觊觎和包围。

14a. ...some of these villages have still failed to escape being a prey to man's greed for quick gain.

笔者在翻译该句时，头脑立马出现的是 fail to escape being the prey 这一英文表达。这到底是直接翻译还是间接翻译，值得商榷。但是，如果译者亦步亦趋地跟着原文走，既要照顾"觊觎"又要译出"包围"，英文必然难以施展。笔者头脑中出现的这种解释性相似的表达，将 prey 这一英文常用的被觊觎和包围的意象和古村落在贪婪人类面前如同笼中之鸟的遭遇自然地联系在一起。

直接翻译不一定意味着只照顾原文的形式结构，不顾译文的逻辑关系。如：

15. 一条道路要穿过门口，要砍掉一棵树。

15a. A road was planned which would go in front of an old

woman's house. This entailed the cutting down of an old camphor tree.

汉语的"要"字如何翻译，不一而论。但是在该上下文中，其意思非常明显，修路就意味着要砍树，因此用 entail。

4. 结语

关联理论对翻译研究提供了全新认知学的视角，不仅对解释翻译现象，评判翻译的优劣得失提供了一致的理论依据，还对翻译实践有着重要的参考和指导。本文以"第二十七届韩素音翻译奖"汉译英一等奖译文为例说明了译者在翻译的时候如何取舍，实现最佳关联。最佳关联这一原则的有效性毋庸置疑，但是如何不断提升关联性，提升译文质量，不仅需要译者充分掌握源语文本的认知语境，还需要平时长期的语言积累，这样才能有意识地从译入语中选取最地道、准确的表达。

参考文献：

［1］何自然，冉永平.《关联性：交际与认知》导读［A］.北京：外语教学与研究出版社，2001.
［2］［4］赵彦春.关联理论对翻译的解释力［J］.《现代外语》，1999(3)：273-295.
［3］Gutt, E.-A. *Translation and Relevance：Cognition and Context*［M］. Oxford：Blackwell, 1991.
［3］［5］［6］［7］［8］Gutt, E.-A. *Translation and Relevance：Cognition and Context*［M］. Manchester：St. Jerome, 2000：232, 227, 231.
［9］张春柏.直接翻译——关联翻译理论的一个重要概念［J］.《中国翻译》，2003a (4)：15-17.

附录二
第二十七届"韩素音青年翻译奖"竞赛汉译英组原文及一等奖译文
保护古村落就是保护"根性文化"

传统村落是指拥有物质形态和非物质形态文化遗产,具有较高的历史、文化、科学、艺术、社会、经济价值的村落。但近年来,随着城镇化快速推进,以传统村落为代表的传统文化正在淡化,乃至消失。对传统村落历史建筑进行保护性抢救,并对传统街巷和周边环境进行整治,可防止传统村落无人化、空心化。

古村落是历史文化遗存的特有形式之一,是地方历史经济发展水平的象征和民俗文化的集中代表。古村落文化是传统文化的重要组成部分,它直接体现出中华姓氏的血缘文化、聚族文化、伦理观念、祖宗崇拜、典章制度、堪舆风水、建筑艺术、地域特色等。

古村落是传统耕读文化和农业经济的标志,在当前城市化巨大浪潮的冲击之下,古村落不可避免地被急功近利所觊觎和包围。之所以强调保护古村落,不是为了复古,更不是为了倡导过去的宗族居住生活模式,而是为了了解和保留一种久远的文明传统,最终是为了体现现代人的一份历史文化责任感。

古村落与其说是老建筑,倒不如说是一座座承载了历史变迁的活建筑文化遗产，任凭世事变迁，斗转星移，古村落依然岿然不动，用无比顽强的生命力向人们诉说着村落的沧桑变迁，尽管曾经酷暑寒冬，风雪雨霜，但是古老的身躯依然支撑着生命的张力，和生生不息的人并肩生存，从这点上说，沧桑的古村落也是一种无形的精神安慰。在城市进入现代化的今天，对待古村落的态度也就是我们对待文化的态度。一座古村落的被改造或者消失，也许很多人没有感觉出丢了什么，但是，历史遗产少了一座古老的古村落，就少了些历史文化痕迹，就少了对历史文化的触摸感，也就很容易遗忘历史，遗忘了历史，很难谈文化延承，同时失去的还有附加在古村落上的文化魂灵。看一个地方有没有文化底蕴，有没有文化割裂感，不仅要看辉煌灿烂的文物遗留，还可以从一座座古村落上感受出来，从古村落高大的厅堂、精致的雕饰、上等的用材，古朴浑厚、巧夺天工的建筑造型上感受出来。台湾作家龙应台曾写过一篇和大树保护有关的文章：一条计划中的道路要穿过一位老人家门口，要砍倒一株老樟树。树小的时候，老人家还是孩子；现在，她人老了，树也大了。如果树能留下，老太太愿意把自己的一部分房子捐出来，经过协调，工程部门同意留树。龙应台感慨道："人们承认了：树，才是一个地方里真正的原住民，驱赶原住民，你是要三思而行的；不得不挪动时，你是要深刻道歉的。"对于古村落，不得不改造和推倒时，同样需要三思而行。

Preserving Chinese Cultural Prototypes—Ancient Villages

Chinese ancient villages, with their rich tangible and intangible cultural relics, are of high historical, cultural, scientific, artistic, social and economic values. In recent years, however, with the fast pace of urbanization, Chinese traditional cultures, epitomized by those villages, have been obscured or even obliterated. Therefore, a timely salvaging of the villages' historic buildings and a thorough improvement of the streets, alleys and surrounding areas can serve to relieve the large-scale exodus of their inhabitants and mitigate their worsening condition.

As a unique aspect of Chinese historical and cultural heritages, traditional villages not only embody the achievements of the local economy over the long course of history but have also become an important showcase for folk culture. They are also a very important part of Chinese traditional cultures. From these villages, various Chinese cultural elements can be identified, such as Chinese surnames and consanguinity culture[1], clan culture, ethics, ancestor veneration[2], ancient codes and regulations, *feng shui*[3], traditional architecture, regional characteristics, etc.

Despite the fact that they are the living legacy of China's traditional farming-reading culture[4] and agriculture-dominant economy, some of these villages have still failed to escape being

---

[1] In China, surnames serve as an invisible kin tie, or consanguinity that signifies a group of people sharing the same surname are descended from the same ancestor.
[2] Ancestor veneration in Chinese culture and ethnic religion is the practice of living family members and Chinese kins to pay honor and respect to their progenitors and ancestors.
[3] *Feng shui* (literally translated as "wind-water" in English) is a Chinese philosophical system of harmonizing everyone with the surrounding environment. Historically, it was widely used to orient buildings—often spiritually significant structures such as tombs, but also dwellings and other structures—in an auspicious manner.
[4] Farming-reading culture refers to a long period in Chines history when men of letters farmed while pursuing liberal arts.

a prey to man's greed for quick gain in today's overwhelming trend of urbanization. It should be noted that the motivation for preserving ancient villages lies not in the restoration of ancient customs or the past clan living modes but to trace and protect distant civilizations. In so doing, we show ourselves to be sensible modern people with due respect to history.

These villages are more of the living architecture fossils than some old buildings because they live through the ups and downs of ages and narrate the vicissitudes of the times to people as an indefatigable survivor. Withstanding all weathers, these ancient villages have clung to their life with tenacity and have sheltered their inhabitants one generation after another. The qualities revealed in these weather-beaten villages are also of spiritual worth. In today's new era of modernization, the position we take on these traditional villages also reflects our attitudes towards culture as a whole. On hearing that a traditional village is being renovated or demolished, few people may feel that anything is going astray. However, the truth is that we will lose historical traces by destroying a single traditional village and in so doing we deprive ourselves of the chance to revisit a particular historical point. Consequently, history becomes easy to forget. When history alienates itself from us, we will be turned into a generation unable to pass on culture, let alone appreciate the cultural charm of these ancient villages. To tell whether a place is profound or barren in its culture, we should not only learn about its prestigious cultural relics but also walk into its ancient buildings for direct experience of their lofty halls, delicate carvings, exquisite construction materials and wonderful classic craftsmanship. Lung Ying-tai, a famous essayist of Taiwan, China, once narrated a touching story about the protection of an old tree. It goes as follows. A road was planned which would go in front of an old woman's house. This entailed the cutting down of an old camphor tree. When the tree was young, the old woman had been a kid. Now, she was ageing with the old tree. To save the tree, the old lady was willing to donate part of her house. After negotiation, the local planning bureau consented to let the old tree be. Lung Ying-tai reflected in the story: People finally admitted that it was trees that were indigenous inhabitants. If they intended to clear them, they must weigh twice the pros and cons. Even if their expulsion was unavoidable, they should have a bad conscience about it. This is also true of Chinese traditional villages. If they have to be renovated or torn down, people must proceed with caution.

附录三
译,我所欲也——第二十七届"韩素音青年翻译奖"竞赛参赛感言

汉译英一等奖获得者　语言文化学院英语系教师　胡　玥

与"韩素音青年翻译奖"的渊源其实可以追溯到12年前,当时还是大三的我怀揣着对翻译的一腔热情将自己还略显稚嫩的译稿投到了北京,虽然最后并未获奖,但从此对翻译的钟爱便一发不可收拾。

来到天华工作后,系里在万老师的组织下,每年都会举办韩素音的讨论会。这里成了大家学习的最佳平台。在这里你会听到不同的声音、不同的见解;在这里,没有老师和学生,只有一群热忱的翻译爱好者;在这里,大家秉着共同学习的精神各抒己见,而正是这种平等基础上的思想的激烈碰撞才产生了一篇篇酣畅淋漓的译文。

今年因为身在国外无法参与讨论,错过了思想碰撞的良机,不过经历了之前讨论会的熏陶,再加上自己对翻译的一点感悟,自己还是义无反顾地开始了翻译之路。这次的汉译英《保护古村落就是保护"根性文化"》,节选自魏青发表在《贵州日报》2014年6月8日的一篇评论性文章。原文一千字不到,文字质朴却饱含作者对古村落的种种情怀。为了获取最全

面的认知语境,我在翻译之前做了大量信息搜索工作,阅读了魏青撰写的所有关于古村落保护的文章,同时我还浏览了《纽约时报》《华盛顿邮报》等国外报纸上有关古村落保护的报道文章,为的就是了解译入语读者对这一现象的接受程度。我是个天秤座的人,天生纠结的性格在翻译中便体现得淋漓尽致,反复推敲每一个词,再三斟酌每一句话,似乎每一个表达都意犹未尽,所以与我而言,这次的翻译是漫长而艰难的,可就是在这段漫长而艰难的译途中,我却深深体味到了翻译的乐趣和语言的美,对翻译可谓是欲罢不能,情意缱绻。

"译,我所欲也。"幸而,我没有鱼和熊掌的纠结,有的只是对翻译独一无二的热爱和钟情。漫漫译途,最重要的其实就是这份热情了。

附录四
工作坊日志

出席人员： 王晓岚（老师）、陆杨、隗钟乐、符莹莹、徐莹君、房晗晖、王佩玉、邱晓婕、周欣怡

会议纪要： 在会议开始前，王老师首先带我们回顾了上次会议讲到的一些重点问题，接着主要讨论了在翻译文件 Turning Point: Energy's New World（Page 5）过程中所出现的一些问题。本次会议集中重点讨论了个别长难句，大家相互提供自己的翻译，进行 peer review 交流切磋。主要翻译难点集中在以下几个问题：

1. "swing producer" 的翻译。
   a）大家分享了各自的翻译。如"生产调节者""无拘束生产国""机动生产国"；
   b）王老师谈到如果遇到类似的不熟悉的专业词汇如何查词，是词组一起查，还是分开来查，再者，应该查找维基百科等类似的平行文本以丰富相关背景知识，并查找已经为大众所接受的具体翻译。

2. 长难句 "Are there new transformative innovations on the horizon that could have an impact like hydraulic fracturing has had over the past decade?"

a）从语法结构上确定该句的主谓宾，并且确定各部分所扮演的角色；

b）on the horizon 的翻译：大家给出自己的想法，最终讨论确定下来是"即将到来"之意；

c）在整个句子的翻译上，如何措辞确保符合中文表达习惯，同学们分享了各自的翻译，并进行了 peer review。

3. "leading up to" 和 "the Paris climate talks" 的翻译。

a）在同学、老师分享了交流意见后，确定 "leading up to" 是 "为……做准备"之意，在此结合句意可译为"在……前"；

b）翻译 talks 是"大会"还是"谈判"上，王老师分享了利用搜索引擎判断表达是否符合习惯的方法。

4. 长句 "This special report features articles on a number of key issues at the heart of the current energy picture." 的翻译。

a）王老师指出应该注意 feature 的翻译；

b）"picture" 翻译成 "蓝图" "现状" 还是 "版图"？

c）如何处理这段话的翻译？有些同学认为应该处理成 "……的……" 结构，而有的同学认为可以拆分成两句话进行处理，避免冗长，但是第二种处理方法要考虑到与后文的 ":" 衔接的问题。

5. 在回顾第一段时，有同学提出 a mixed outlook 中 mixed 的翻译。

a）译成"喜忧参半"；

b）译成"不明朗""众说纷纭"。

参考文献

曹明伦.英汉翻译二十讲[M].北京:商务印书馆,2013.

常俊华.民办高校英语专业特色人才培养体系的构建[J].现代企业教育,2011(20):228.

常漪,徐庆宏.论复合型英语专业转型的必要性——以榆林学院外语系为例[J].榆林学院学报,2014,24(5):117—120.

陈莉,赖伯年.民办高校办学特色培育的原则和内部保障机制[J].价值工程,2013:257—258.

戴炜栋,王雪梅.我国高等教育内涵式发展背景下英语专业的建设思路[J].外语界,2014(3):2—11.

代玉华.民办高校英语专业人才培养模式新探[J].佳木斯教育学院学报,2011(6):180,237.

董翌.旅游英语口译教学中的跨文化能力培养[J].西南农业大学学报,2012,10(9):126—127.

傅敬民,居蓓蕾.应用型本科高校外语专业翻译课程建设探索[J].上海翻译,2012(2):49—53.

顾美玲.美国私立大学办学模式对促进中国民办高等教育发展的启示[J].四川师范大学学报,2010,37(4):106—110.

郭继东.当前大学英语第二课堂教学面临的问题及对策[J].教育科学,2008,24(1):38—40.

郭亚玲，李正栓，贾晓英．培养思辨能力和翻译能力的最简方案［J］．河北青年干部管理学院学报，2017（1）：53—55.

何刚强．精益谙道，循循善诱——翻译专业教师必须具备三种功夫［J］．外语界，2007（3）：24—29.

贺鸿莉，莫爱屏．翻译本科专业实践教学调研报告［J］．中国外语，2016（2）：4—11.

何雅媚．韩素音青年翻译奖竞赛与本科英语专业翻译教学［J］．中国翻译，2017（6）：39—43.

黄梨．民办高校英语专业翻译教学与翻译人才的培养［J］．黑龙江教育（高教研究与评估），2013（7）：63—64.

黄玉霞．翻译教学中学生思辨能力的培养［J］．教育理论与实践，2017，37（6）：51—53.

黄源深．思辨缺席［J］．外语与外语教学，1998（7）：1，19.

黄源深．英语专业课程必须彻底改革——再谈"思辨缺席"［J］．外语界，2010（1）：11—16.

姜士伟．人才培养模式的概念、内涵及构成［J］．广东广播电视大学学报，2008，17（2）：66—70.

靳希斌，等．民办高校发展与策略研究［M］．河北：河北教育出版社，2010：224—232.

赖爱春．民办高校专业设置问题研究——以上海JQ职业技术学院为例［D］．华东师范大学硕士论文，2005.

赖伯年，孟贤军．基于专业建设基础上的民办高校办学特色培育［J］．陕西教育（高教），2011（7—8）：177—179.

李明，仲伟合．翻译工作坊教学探微［J］．中国翻译，2010（4）：32—36.

李智干．独立学院办学特色存在的问题与对策建议［J］．广东工业大学学报（社会科学版），2008，8（4）：19—22.

刘忠喜.人才培养模式概念、层次及构成要素［J］.海南广播电视大学学报，2014（3）：107—110.

罗志勇.独立学院英语专业人才培养模式研究［D］.天津大学教育学院，2015.

莫爱屏.商务翻译硕士研究生培养模式探究［J］.中国翻译，2013（3）：39—43.

秦秀白.有好的外语教师，才有好的外语教育［J］.中国外语，2010（6）：1，31.

秦秀白.警惕课堂教学娱乐化［J］.当代外语研究，2012（7）：1—2.

曲卫国.国家标准能让英语学科走出困境吗？——谈谈英语专业改革与英语学科建设的关系［J］.外国语，2016（5）：11—13.

申云飞.民国私立大学办学特色研究——以南开大学（1919—1946）为中心的研究［D］.西南大学硕士学位论文，2013.

舒锦蓉.大学英语三位一体教学模式建构［J］.开封教育学院学报，2015（2）：162—163.

宋林珊.高校英语专业人才培养模式的改革与研究［J］.英语广场：学术研究，2012（8）：99—101.

宋平峰.浅谈"翻译工作方式"翻译实践教学模式［J］.内蒙古农业大学学报，2011（1）：140—141，143.

隋俊，张彤川，陈亮.从校企合作论民办高校英语应用型人才培养［J］.边疆经济与文化，2014（3）：148—149.

孙超，等.上海市民办高校英语专业人才培养现状调查报告［M］.苏州：苏州大学出版社，2017.

孙有中. 突出思辨能力培养，将英语专业教学引向深处. 中国外语，2011（3）：49—58.

王爱琴，任开兴. 语言与翻译能力同步提升之模式［J］. 上海翻译，2016（4）：28—32.

王建国，陈瑞清. 陈瑞清副教授谈蒙特雷国际研究院翻译教学模式［J］. 东方翻译，2014（6）：25—28.

王胜利. 上海市理工类大学翻译专业本科人才的"五个课堂"培养模式探索［J］. 海外英语，2016（11）：7—9.

王卓. 网络：大学英语教学第三课堂模式初探［J］. 新课程研究，2010（3）：10—12.

韦孟芬. 大学英语教学中文化导入探讨［J］. 淮海工学院学报，2010，8（6）：55—57.

徐雄伟. 上海市民办高校教师专业发展现状与实证研究［D］. 上海师范大学博士论文，2015.

薛莲. 基于模块化教学的应用型翻译人才培养——以合肥学院英语专业（翻译方向）为例［J］. 合肥学院学报，2012，29（4）：111—113，122.

杨惠中. 有效测试、有效教学、有效使用［J］. 外国语，2015（1）：2—26.

尹秀丽，于桂芹. 践行科学发展观，建构民办高校英语专业实践教学体系［J］. 华章，2011（26）：195—196.

张春柏，吴波. 从翻译课堂到翻译工作坊——翻译精品课程建设的启示［J］. 外语教学理论与实践，2011（2）：70—73.

张红玲. 跨文化外语教学［M］. 上海：上海外语教育出版社，2007.

张瑞娥，赵德用. 中国翻译师资基本状况变化分析［J］. 外语研究，2012（2）：67—71.

张紫薇. 从"趋同现象"中反思我国民办院校办学特色建设[J]. 现代教育管理，2015（12）：83—87.

章兢. 人才特色是高校办学特色的集中体现——兼论湖南大学的人才培养特色[J]. 中国高教研究，2005（10）：12—14.

赵衢. 民办院校英语本科专业课程设置与人才培养[J]. 考试周刊，2010（33）：96—97.

中国高等教育毛入学率达 37.5% 因适龄人口量减少[EB/OL]. http://www.qianzhan.com/analyst/detail/220/150817-e8129fab.html.

中华人民共和国教育部. 普通高等学校本科教学工作水平评估方案（试行）[Z]. 教高厅[2004]21号.

中华人民共和国教育部. 2010年全国教育事业发展统计公报[J]. 中国教育报，2011年7月6日.

中华人民共和国教育部（2015）[EB/OL]. http://www.moe.gov.cn/srcsite/A03/s180/moe_633/201607/t20160706.html.

中华人民共和国民办教育促进法[EB/OL]. http://www.maigoo.com/news/375926.html.

仲伟合. 英语类专业创新发展探索[J]. 外语教学与研究，2014（1）：127—133.

仲伟合，穆雷. 翻译专业人才培养模式探索与实践[J]. 中国外语，2008（6）：4—14.

周燕. 英语教师培训亟待加强[J]. 外语教学与研究，2002，34（6）：408—409.

庄智象. 我国翻译专业建设：问题与对策[M]. 上海：上海外语教育出版社，2007.

Nassaji, H. & Cumming, A. What's in a ZPD? A case study of a young ESL student and teacher interacting through dialogic journals [J]. *Language Teaching Research*, 2000(4): 95—121.

Nassaji, H. & Swain, M. A Vygotskian perspective on corrective feedback in L2: The effect of random versus negotiated help on the learning of English articles [J]. *Language Awareness*, 2000(9): 34—51.

Nida, Eugene. 语言与文化——翻译中的语境 [M]. 上海：上海外语教育出版社，2001.

Paul, R. W. & Elder, R. *Critical Thinking: Learn the Tools the Best Thinkers Use* [M]. New Jersey: Pearson Prentice Hall, 2006.